김시습의 조선 유람기

김시습의 조선 유람기

2025년 10월 30일 초판 1쇄 발행

글　　　권혁진
펴낸이　원미경
펴낸곳　도서출판 산책
편집　　김미나

등록　　1993년 5월 1일 춘천80호
주소　　강원도 춘천시 우두강둑길 185
전화　　(033)254_8912
이메일　book8912@naver.com

ⓒ 권혁진 2025
ISBN 978-89-7864-181-4　　정가 18,000원

김시습의 조선 유람기

글 권혁진

머리말

—

　김시습은 과거 공부를 위해 삼각산 중흥사로 갔다. 그해 수양 대군이 김종서 등을 죽인 '계유정난'이 일어나고, 1455년 6월에 수양대군의 위협에 단종은 수양대군에게 옥새를 넘겨주었다. 중 흥사에서 공부하고 있던 김시습은 수양대군이 왕위를 찬탈했다 는 소식을 들었다. 이 세상에서 도道가 실현될 수 없음을 알고 읽 던 책을 불사르고 방랑길에 나섰다. 가치가 전도된 이 세상에서 그가 꿈꿔 왔던 왕도정치는 더 이상 실현될 수 없다고 여겼다. 중 흥사를 나와 방랑길에 나선 김시습의 발길은 강원도 철원 복계산 자락에 닿았다.

　이듬해 6월에 사육신이 처형당했다는 소식을 듣자 바로 한양 으로 올라가 아무도 돌보지 않는 사육신의 시신을 거두어 노량진 에 묻어주었다.

　1458년, 24세의 김시습은 관서 지방을 유람하기 위해 길을 나 섰다. 시도 때도 없이 치밀어오르는 분노를 억제할 수 없었다. '호 탕한 유람'이라고 여행의 성격을 규정했지만 쉽지 않은 여행이었 다. 관서 지방을 유람하며 역사의 고적을 찾고 산천을 보면서 많은 시를 지었다. 지은 시 150여 수를 모아 『유관서록』을 묶었다.

　관서 지방 유람을 끝내고 금강산으로 향하였다. 내금강 여러 명소를 두루 돌아보고서 한양으로 향했다. 연천 보개산에 들렸다 가 한탄강을 건넜다. 소요사에서 하룻밤 묵은 후 출발한 김시습은 남쪽으로 길을 나섰다. 1459년 늦가을에 천보산 기슭에 자리 잡은 회암사에 들렀다.

26세의 김시습은 정처 없이 떠돌았다. 관동을 유람하고 『탕유관동록』을, 충청도와 호남을 노래하고 『유호남록』에 실었다. 호남을 거쳐 경주 금오산에 머물던 29세의 김시습은 돌연 서울에 나타나 효령대군을 만났다.

원각사 낙성회에 참석한 31세의 김시습은 그해 여름을 서울에서 보냈다. 서거정을 찾아가 시를 요구했으며, 양주의 회암사와 송도 천마산의 여러 절을 유람하기도 하였다. 38세 되던 이듬해 가을, 도성 동쪽에 있는 수락산 폭포 부근에 폭천정사를 지었다. 서울 생활을 하면서 다시 머리를 기르고 제사도 지내는 선비의 모습으로 돌아왔다. 모친상을 마치고 47세에 새 아내를 맞이했다. 아들을 두어 대를 이을 결심이 선 것이다. 하지만 결혼생활은 오래가지 않았다. 얼마 안 되어 아내가 죽었기 때문이다. 그는 다시 관동 지방으로 방랑의 길에 나섰다.

『김시습, 호탕하게 유람하다』가 강원도에 대한 것이라면, 이번 책은 김시습의 자취를 찾아 서울과 경기를 오고 갔다. 심경호 교수님의 『김시습 평전』을 읽고 용기를 낼 수 있었다. 많은 도움을 받았음을 밝힌다. 늘 옆에서 응원해 주는 가족 덕분에 출간할 수 있었다. 항상 감사하다.

차례

———

| 서울 |

스물아홉 살의 김시습,
돌연 서울에 나타나다

스물아홉 살의

김시습,

돌연 서울에 나타나다

깊은 궁궐에서
연화경 번역하다

26세의 김시습은 정처 없이 유람하고 있었다. 관동을 유람하고 충청도로 향하였다. 금강을 건너 강경포구에 닿았다. 은진 관촉사의 미륵불이 반겨줬다. 웅장하지만 따스한 미소를 지었다. 「관촉사의 대불을 알현하다」를 지었다. 무등산을 노래한 「등무등산」은 『유호남록』에 실었다. 호남을 거쳐 경주 금오산에 머물던 29세의 김시습은 돌연 서울에 나타나 효령대군을 만났다. 대군은 태종의 둘째 아들로, 동생(훗날 세종)이 세자로 책봉된 뒤, 선가에 적을 두고 불교를 숭상했다. 원각사 창건 등 여러 불사를 주관했으며, 『법화경』과 『금강경』 등 불경을 언해하고 출간하는 데 힘을 보탰다.

세조는 널리 읽혀온 『연화경』을 우리말로 번역하려 하였다. 효령대군은 김시습을 추천하였고, 서울에 올라와 내불당에서 번역 작업을 하였다. 1463년 가을이었다. 일이 끝난 후 「새로 번역한 연화경」이란 시를 짓는다.

깊은 궁궐에서 연화경 번역 하니　蓮經譯自九重深

극락조가 새 울음보다 뛰어나네　一句頻迦出衆禽

불경 중국 전해졌으나 통하지 않고　梵筴到秦言尙澁

한문으로 번역해도 취지 찾기 어려워　華言自什趣難尋

옥 같은 진리의 말 은하처럼 밝게 琅琅諦語昭雲漢
뚜렷한 참된 진리 묘한 음 번역했네 歷歷眞詮演妙音
한나라 당나라서 번역한 자취 보니 觀彼漢唐飜解迹
현장과 등란이 어찌 우리 군주 같으리 奘蘭能似我王心

이어 김시습은 시 뒤에 세조의 불경 언해 작업을 찬양하는 자신의 감회를 적었다.

한나라의 등란과 당나라의 현장은 불경을 한역한 공이 있다. 하지만 등란은 오랑캐 사람이었고 현장은 불경을 해석하는 스님으로 한때에 자랑거리였을 뿐이다. 그들에 비하여, 우리 군주는 문치와 무공이 역대의 제왕보다 뛰어나다. 정무를 보시는 여가에 백성을 제도할 목적으로 직접 불경을 번역해서 백성을 교화시키려고 하시니, 참으로 천고의 제왕 가운데 다시 듣지 못할 업적을 이루었다.

가릉빈가迦陵頻迦는 불교 전설에 나오는 극락조다. 극락정토에 거주하며 아름다운 목소리로 불법을 설파하는 것으로 알려져 있다. 한글로 번역한 연화경을 찬미한 것이다. 그만큼 자부심이 있었다. 사실 한문으로 된 불경은 일반인이 이해하기 어려웠다. 아무리 참된 진리를 담고 있어도 그림의 떡이다.

열흘 남짓 번역을 도운 대가로 얼마간 돈을 받았다. 그 돈으로『맹자대전』,『성리대전』,『자치통감』,『도덕경』등을 구했다. 과거시험에 대한 미련이 남았을까. 벼슬길에 나가 자신의 실력을 발휘해 보고 싶었을지도 모른다.

서거정 시에
답하다

선조의 명을 받아 율곡 이이가 지은 「김시습전」에는 이런 일화가 실렸다.

서거정1420~1488의 행차가 조정으로 향하고 있었다. 모두 길을 비켜서는데 허름한 차림의 사내가 "강중아, 잘 지내느냐."라며 길을 가로막고 섰다. 강중은 서거정의 자였다. 수행하던 벼슬아치가 김시습을 벌주려 하자 서거정은 "그만두어라. 미친 사람에게 따져 무엇 하겠느냐."라고 만류했다. "만약 이 사람에게 벌을 준다면 뒷날 이름에 누가 될 것이다."라는 말이 뒤따랐다.

이릴 때부터 비범한 능력으로 주위의 시선을 한 몸에 받았던 김시습과 서거정이었다. 김시습은 5세 때 세종 앞에서 재주를 보여 장차 크게 쓰셌나는 약조를 받았다. 서거징은 6세 때 시를 지어 중국 사신을 놀라게 했다는 일화가 전해진다. 훗날 서거정은 조정에서 문인 관료로 활동하던 관각파의 대표적인 문인이 되었다. 명문 가문의 일원으로서 평생 정계의 핵심에서 떠난 적이 없었다. 여섯 임금을 섬기는 동안 육조 판서를 두루 거쳤을 뿐만 아니라 대제학을 무려 23년간 독점했을 정도다. 『사가집』, 『태평한

화골계전』, 『필원잡기』, 『동인시화』 같은 책을 남겼는가 하면, 『동국통감』, 『동국여지승람』, 『동문선』, 『경국대전』 같은 관찬서의 편찬 작업을 주도했다. 김시습은 서거정 보다 열다섯 살이나 아래였고, 서거정의 대척점에 위치한 방외인이자, 비판적 지식인이었다. 그럼에도 불구하고 자신을 알아봐주는 김시습의 모습에 허물없이 대했던 것은 아닐까.

1465년 4월에 김시습은 서거정을 방문하여 경주의 거처인 금오정사에 대한 시를 부탁하였다. 얼마 뒤 서거정은 시 여섯 수를 지었다. 시 제목이 장황하다.

나는 진작에 설잠 승려를 알고 있었는데 만나보지 못한 지 24년이나 되었다. 하루는 나를 방문하고는 이야기 끝에 말하길 '내가 경주 남산에 땅을 가려 서너 칸 되는 정사를 짓고 도서를 좌우에 벌여두고는, 그 사이에서 소요하고 음영하고 있소이다. 산중 사계절의 맛을 이루다 말할 수가 없을 정도라오. 나는 이곳에서 장차 늙을 예정이고, 또 이곳에서 입적할 생각이오. 최근에 천 리 멀리 여행길을 떠났다가 서울에 당도하였는데 내일이면 지팡이를 돌릴 것이오. 부디 선생께서 한 말씀을 해 주셔서 내 정사를 빛내주시길 바라오'라고 하였다. 나는 오랫동안 병을 앓고 있던 뒤끝이라 붓을 내던지고 시 읊기도 정지한 지 여러 날이 되었으나, 스님의 부탁을 어기기 어려워 붓을 달려 근체시 여섯 수를 적어서 스님에게 올린다.

그 여섯 수 가운데 「해후했다가 이별하는 뜻을 적다」란 시다.

스님 못 만난 지 삼십 년 되어가는데　不見上人今卅年

다시 와서 보니 얼굴 예전 그대로일세　重來面目摠依然

방외 노닐어 삼생三生 소원을 이루었고　遊方始償三生願

면벽하여 일미선一味禪 들어가려 한다네　面壁會參一味禪

교유함에 나는 지둔支遁과 같고 싶은데　交遊我欲同支遁

시구에 스님은 응당 선권善權을 잇겠지　詩句師應繼善權

가고 가서 옛 산 어느 날에 당도할꼬　去去故山何日到

정사 앞엔 소나무 가지 드리웠으리　也知松偃上方前

삼생의 소원은 무슨 의미일까? 당나라 이원이 낙양 혜림사에 있을 때 스님 원택과 매우 친밀하게 지냈다. 하루는 둘이 배를 타고 남포에 놀러 갔다. 비단옷을 입고 물을 긷는 한 부인을 보고는 원택이 울면서 이원에게 "저 부인이 임신한 지 3년이 되었는데, 내가 의당 그의 아들이 될 것이다. 지금으로부터 12년 뒤 중추일 달밤에 항주 천축사 뒤에서 공과 다시 서로 만나기로 하자."라고 하고, 원택은 그날 밤에 죽었다. 부인은 과연 그날 이이를 낳았다. 이원이 그로부터 12년 뒤에 과연 그곳을 찾아가 보니, 한 목동이 소뿔을 두드리며 노래하기를 "나는 삼생석 위의 옛날 성혼이거니, 음풍농월하는 건 굳이 논할 것도 없네. 친한 벗이 멀리 찾아주매 진정 부끄럽지만, 이 몸은 달라졌으나 본성은 그대로 있다오."라고 하여, 서로 친구였음을 확인했다는 데서 온 말이다. 스님과 세속 사람, 혹은 친구 사이의 재회를 의미한다.

일미선一味禪은 순일미純一味의 선이다. 문자나 언어를 사용하지 않고 갑자기 도를 깨치는 좌선을 말한다. 지둔은 진 나라 때 고승이

다. 일찍이 산에 들어가 수도하고, 뒤에 낙양의 동안사에 거주했는데,
특히 당시의 명사들과 교유하면서 고상한 이야기를 잘하기로 이름이
높았다. 선권善權은 송나라 때의 고승이다. 특히 시를 잘했다고 한다.

김시습은 서거정의 시 가운데 두 수에 화답하였다.

높고 낮은 돌길 연기 헤치고 열리는데 高低石逕拂煙開

지팡이 짚고 한가히 돌아감 읊조리네 倚杖閑吟歸去來

답답증 풀려면 남쪽 주막 술 마땅하고 破悶只應南舍酒

굶주림 달래려니 북쪽 산나물 있네 療飢猶有北山萊

흰 구름 바위 밑으로 무단히 가고 白雲岩下無端去

붉은 잎 창 앞 몇 무더기 쌓였는가 紅葉窓前有幾堆

어떻게 글 잘하는 왕한 무리 얻어서 安得能文王翰輩

붓끝에서 한잔 술잔에 시 쓸 것인가 筆端流出一環杯

서거정이 조정으로 행차하고 있을 때 길을 막던 일은 서로 대
립적인 입장이라는 것을 알려주는 일화로 해석한다. 서거정이 관
각파로서 양지에서 잘 나가던 이였고, 김시습은 방외인으로 비판
적인 입장이었기 때문에 그런 해석도 가능하다. 그러나 두 사람
간에는 팽팽한 대립보다는 우호적인 경우가 더 많았다. 서로 시
를 주고받을 정도였다. 죽순, 구기자, 송이버섯, 고사리 등 산중의
네 가지 맛을 그리워하여 서거정을 찾아가 산중 생활을 이야기하
고 넷을 소재로 네 수의 시를 지어 달라고도 했다. 작설차를 선물
했을 때 서거정이 시를 지어 보내기도 했을 정도였다.

상서로운 기운
불상 감싸네

　경주로 내려가 남산 용장사 부근에 집을 짓고 은거하던 1465년 봄에 효령대군이 원각사 낙성회에 참가할 것을 종용하였다. 31세의 김시습은 "좋은 모임은 늘 있는 것이 아니고, 번창하는 세대는 만나기 쉬운 것이 아니다. 달려가 치하하고 곧 돌아와 여생을 마치리라."라고 하고서 상경하였다.

　세조 10년인 1464년 5월에 흥복사를 세워서 원각사로 삼을 것을 명한 기사가 『조선왕조실록』에 보인다. 효령대군이 회암사에서 법회를 베푸니, 여래가 나타나고 감로수가 내렸다. 빛이 대낮과 같이 환하였고 안개가 공중에 가득 찼다. 또한 수백 개의 사리로 분신하는 상서로운 일이 일어났다. 이에 원각사를 짓기로 한 것이다. 그해 6월에 민가 200여 채를 모두 철거하고 절을 짓기 시작하여, 1465년에 낙성식을 열었다. 낙성 법회를 베푸니 참가한 중이 128명이었다. 김시습도 그중에 포함되어 「원각사낙성회」를 지었다.

　절터는 본래 도시에 버려졌던 곳인데　　給園初敝市街前
　성군의 큰 계획으로 만년 가게 되었네　　聖曆鴻圖萬萬年
　솜옷에 둥근 머리 하고 부처 만나는 날　　毳服圓顱逢竺日
　치건에 도포 입고 요순시대 송축하네　　緇巾曲領頌堯天

향불 연기 임금 수레 따라 너울거리고 香煙裊裊隨龍駕

상서로운 기운 불상을 감싸는구나 瑞氣縣縣繞佛邊

일민逸民이 모임 참여한 줄 누가 알겠나 誰信逸民參盛會

오색구름 꽃 속에 돌아다님 즐겁구나 五雲朵裏喜周旋

홍복사는 고려 시대부터 있던 사찰이었는데, 1457년에 폐하고 악학도감을 두었다. 1464년에 다시 그 자리에 절을 짓고 원각사라 하였다. 솜옷에 둥근 머리한 이는 스님이다. 치건에 도포를 입은 이는 유자다. 김시습은 스스로 일민逸民이라 칭하였다. 『논어』에 일민이 나온다. 일민의 처세에 대한 공자의 평은 이렇다.

백이와 숙제는 뜻을 굽히지 않고 몸을 욕되게 하지 않았다. 유하혜와 소련은 뜻을 굽히고 몸을 욕되게 했으나, 말은 도리에 맞고 행실은 생각에 맞았다. 우중과 이일은 숨어 살며 할 말은 하고 살았는데, 몸은 깨끗했고 벼슬하지 않는 것은 권도權道에 맞았다.

김시습은 서울로 올라와서 세조의 성덕을 칭송하는 시를 지었고, 낙성회 첫날 임금이 대사령을 내리자 이를 찬탄하는 시를 지었다. 현실을 성대로써 인정하고자 마음먹은 것 같다. 이어 효령대군이 그에게 「원각사찬시」를 지어 세조에게 올리라고 부탁하였다. 이에 찬시를 지어 올리자, 세조는 이를 보고 효령대군에게 분부했다. "이 찬시는 매우 아름답소. 내가 궁으로 돌아가 불러 볼 터이니 이 절에 거처하도록 하시오."

원각사지 10층 석탑(출처: e뮤지엄, 국립민속박물관)

경주로 내려가는 길에 임금이 보낸 사자를 중간에서 만나 다시 올라오라는 분부를 받았다. 병을 핑계 대고 끝내 다시 서울로 올라가지 않았다. 이때 그는 "불법의 일이 이미 끝났으므로 홀연히 돌아왔다."라고 하였다. 세조를 대하는 일련의 이런 행적을 어떻게 이해할 것인가. 10년의 세월로 인해 감정이 무뎌진 탓인가. 중세를 사는 지식인의 모습인가. 병을 핑계로 서울로 가지 않은 것은 방외인의 모습으로 되돌아온 까닭일까?

천 리 먼 데서
옛 산 생각하다

1465년 4월, 원각사 낙성회에 참석한 31세의 김시습은 그해 여름을 서울에서 보냈다. 서거정을 찾아 시를 요구했으며, 양주의 회암사와 송도 천마산의 여러 절을 유람하기도 하였다. 몇 달 서울 생활을 하였지만 어딘지 모르게 늘 불편하였다. 붓을 들고 마음을 담아 「산에 돌아가기를 원하여 효령대군께 드리다」를 지었다. 제목 옆에 '이때 서울에 오래 머문 것은 대군이 만류하였기 때문이다.'라고 밝혔다. 서울에서 몇 달을 보낸 이유이다. 그의 의지가 아니었다.

구중궁궐에서 은덕을 입었으니   蒙恩初下九重天

미천한 이 향 여기 받들기 난감하고   荊棘難堪捧瑞煙

내리신 성상의 말씀 지극히 두터우나   渙汗聖言雖至渥

고황에 든 신의 병 낫기 어렵네요   膏肓臣疾實難痊

새벽녘 나그네 꿈은 풀보다 꽃답고   五更客夢芳於草

돌아가고 싶은 마음 솜처럼 어지러운데   一點歸心亂似綿

천 리 먼 데서 옛 산 생각하니   遙想故山千里遠

밝은 달 몇 번 둥근지 모르겠네요   碧峯明月幾重圓

　　고황에 든 병을 천석고황泉石膏肓이라 한다. '샘과 돌이 고황에 들었다.'는 자연을 사랑하는 마음이 고질병처럼 깊음을 비유하는 고사성어이다. 당나라에 전유암이라는 은사가 있었다. 조정에서 여러 번 등용하려고 불렀으나, 그는 나아가지 않았다. 나중에 왕이 행차하였다가 그가 사는 곳에 들러 안부를 물었다. 전유암은 "신은 샘과 돌이 고황에 걸린 것처럼, 자연을 즐기는 것이 고질병처럼 되었습니다."라고 대답하였다. 고황은 심장과 횡격막 부위를 가리킨다. 병이 여기까지 미치면 치료할 수 없다고 여겼다.

　　태어나 태를 묻은 곳이 한양이지만, 한양은 타향 같았다. 마음이 편안하지 않았다. 늘 경주 금오산이 그리웠다. 돌아가고 싶은 생각뿐이었다. 「고향 산을 그리워하다」는 이런 상황에서 나왔다.

　　금오산 아래 나의 오두막　金鰲峯下是吾廬

　　죽순 고사리 살찌고 푸성귀 넉넉하네　筍蕨香肥饒野蔬

　　장석이 고향 말로 신음했을 적보다 절실하고　莊舃越吟心更切

　　장한이 가을날 고향 그리던 마음보다 더하네　季鷹秋思意何如

　　고향의 매실과 살구 익어 떨어졌을 텐데　故山梅杏已黃落

　　나그네 주머니엔 동전 한 닢 없구나　客館橐囊無貯儲

　　동쪽에서 천 리 밖 수운향 바라보니　東望水雲千里外

　　물과 구름 깊은 곳 돌아가고 싶어라　水雲深處可歸歟

용장사지

잘 차려진 한양 음식보다는 고사리와 죽순 같은 금오산에서 나는 산나물이 입맛에 맞았다. 월나라 사람 장석이 초나라에 가서 벼슬을 하였다. 한번은 병이 나서 누워 있었다. 왕이 사람을 시켜 가보게 하면서 '장석이 고국을 생각하는지 알아보라.'라고 하였다. 사신이 가서 보니 장석은 고국을 잊지 못하여 병중에도 월나라의 노래를 부르면서 향수를 달래고 있었다. 계응은 장한의 자字이다. 낙양에서 벼슬할 때 가을바람이 불자 '고향 땅의 연한 나물과 순채로 끓인 국, 농어가 생각난다.'라며 '사람이 살아가면서 뜻에 맞는 일을 하는 것이 귀중하다. 어찌 벼슬 때문에 수천 리 떨어져 살면서 명예를 노리겠는가.'라고 하며 미련 없이 벼슬을 버리고 고향에 돌아와 유유자적했다. 이러한 일화로 장석과 장한은 고향을 그리워하는 대표적인 사람이 되었다. 수운은 수운향水雲鄕으로 고향을 가리킨다.

같은 제목의 시를 한 수 더 지었다. 한양에서 나고 자랐지만, 금오산을 더 그리워했다.

경기에 발 멈춘 지 서너 해이건만 棲迹王幾已有年

고향 돌아가는 꿈 바로 전과 다름없네 故山歸夢正依然

구름 쉬는 금오산 뒤 산봉우리 겹치고 雲收鼇背千重岫

바람이 다스리는 파도에 배는 나뭇잎 같네 風定鯨波一葉船

매화 꽃봉오리 눈앞에 삼삼하고 長有梅心懸眼底

창문 밖 파초의 빗방울 소리 들리는 듯 可堪蕉雨滴窓前

봄 들어 죽순과 고사리 부쩍 자랄 때 春來筍蕨年年長

금오산 산신령 내 돌아오길 기다리리 應有英靈待我旋

경주로 되돌아온 것은 8월 말이 되어서였다. 돌아오자마자 병으로 누워 열흘이 지나서야 겨우 일어났다. 경주를 떠나 있으면서 하루하루가 편치 않았다. 늘 살얼음 위를 걷는 기분이었다. 긴장이 풀리면서 병이 찾아왔다. 다시 자리에서 일어났을 때는 이미 가을이 끝나가는 중이었다.

여성성을
지켜야

1471년 봄에 서울로 올라오라는 요청이 있었다. 38세가 되던 이듬해 가을 도성 동쪽에 있는 수락산 폭포 부근에 폭천정사瀑泉精舍를 지었다. 한곳에 정착해 일생을 마칠 작정이었다. 본격적으로 김시습의 서울 생활이 시작됐다.

경주의 생활을 접고 왜 상경했을까. 새 조정에서 벼슬을 하겠다고 마음먹은 것 같다. 육경을 다시 익히기 시작했고, 과거시험에 필요한 시 형식과 문장 형식도 익혔다. 성상께서 등극하셔서 현인을 등용하고, 충간을 따르기에 벼슬길에 나갈까 생각하게 되었다고 「양양 부사 유자한에게 속내를 토로한 서한」에서 속마음을 비쳤다.

당시에 서거정은 문단에서 중요한 위치를 차지하고 있었다. 그는 성종 3년인 1472년에 대사헌이 되었다. 1474년 가을에 우참찬이 되고, 1475년에 좌참찬에 올랐다. 그해에 『동인시화』를 간행하였다. 1476년에 중국 사신을 멀리까지 나가 맞아들이는 원접사가 되어 시를 주고받았다. 왕명으로 『삼국사절요』를 편찬하고 서문을 지었다. 1477년에 『골계전』을 짓고, 1478년에 홍문관 대제학을 겸하였다. 그해 『동문선』을 편찬하고 서문을 지었다. 문학 관련 책도 계속 이어갔다.

이 시기에 서거정과의 교유는 지속되었다. 「서강중에게 올리다」란 시가 보인다. 강중은 서거정의 자字이다. 두 번째 시이다.

내가 영남에서 와서 我自嶺南來

머무른 지가 며칠이던고 淹留知幾日

장안에 문호가 많건만 長安多門戶

날 찾아오는 이 없는데 無人來剝啄

좋은 시를 자주 보내니 好詩屢問聘

나와는 진실로 희한한 단짝 寧不比鵁鸍

시를 받아 책상에 펼쳐보니 奉之展書床

눈에 가득한 맑은 글귀 滿眼實淸越

두 사람은 당대 최고의 문인이던 이계전 아래에서 공부한 사이였다. 김시습은 5세 때 세종 앞에서 재주를 보였고, 서거정은 6세 때 시를 지어 중국 사신을 놀라게 했다. 경주에서 올라온 김시습이 먼저 시를 건넨다. 열 다섯살이나 많은 서거정이었지만 김시습을 시우詩友로 인정하였기에 가능한 일이었다.

세 번째 시로 이어진다.

머리에 관 쓰는 거 원하지 않고 我不願冠顚

선을 배우기도 원하지 않네 我不願學禪

다만 즐기는 건 서책 오천 권 但喜五千卷

배를 쬐며 때로 한가히 낮잠을 자네 曬腹時閑眠

나다니면 책이 수레에 가득 行則車連軫
집 안에 있으면 방안에 꽉 차네 住則充樑椽

관 쓰기를 원하지 않는 것은 사실일까. 경주 생활을 청산하고
서울로 왔을 때는 심경의 변화가 있어서일 것이다. 유자한에게
보낸 편지에서 볼 수 있듯 벼슬길에 관심을 보인 것은 사실같다.
당시 문학계는 관료로 활동하는 관각파가 득세하던 시절이었다.
비판적 지식인인 김시습에게 우호적이지 않은 환경이었다. 새
군왕이 들어서면서 개선되리라 믿었지만, 기득권을 형성한 세력
때문에 상처를 입었을 것이다. 그가 할 수 있는 일은 책 읽기 뿐
이었다.

부스럼 흠 제거하기 쉽지 않고 癜疵未易除
운명은 맘대로 안 되는 것 運命多迍邅
양 잃어버림은 필경 매한가지니 亡羊畢竟同
시비를 논해서 무엇하리 是非何足宣
다만 여성성을 지킬 수 있으면 但能守其雌
천지 이전에 참여할 수 있으리니 可參天地先
내가 아는 것은 다만 이것뿐 會得秪此爾
상공은 어찌 생각하시나 相公何爲然

공자는 남성성을, 노자는 여성성을 대표하는 사상가다. 노자
는 국가에 소속돼 각종 의무를 수행해야 하는 관계를 벗어나려

했다. 국가와 역사를 위해 세워진 기준을 허물려고 했다. 노자는 이를 위해 곡신谷神을 강조했다. 곡신은 '골짜기의 신'이다. 암컷의 문을 뜻하는 '현빈지문玄牝之門'과 조응하면서 여성의 성기를 나타내는 것으로 풀이할 수 있다. 수기자守其雌는 여성성을 지키는 것을 강조한다. 여성성은 부드러움의 가치와 싸우지 않는 세계의 은유이다.

> 아득한 하늘과 땅 사이에 渺渺天地間
>
> 하루살이처럼 몸 부친 인생 寄身如飛蜎
>
> 술을 대하면 사양치 말고 就酒且勿辭
>
> 멀리 왕자교·적송자를 따르세 遠躡喬松仙

　시는 이것으로 끝난다. 왕자교는 생황을 불어 봉황의 울음소리를 잘 내었다. 신선을 만나 산으로 들어가 도술을 배운 후 백학을 타고 떠나 버렸다고 한다. 적송자는 상고 시대의 신선이다. 두 신선의 등장은 인간 세싱의 일을 비리고 신선을 따라 노닐고 싶다는 염원이다. 꿈을 안고 서울로 왔지만, 자신의 계획과 늘 어긋나기만 했다. 과거를 준비했지만 쉽지는 않았다. 이미 기득권을 차지한 사람들로 가득 찼다. 현실로 돌아왔지만, 신선을 떠올릴 수밖에 없는 현실이었다.

김시습은
사람 중의 만장봉이다

　　수락산 유원지를 지나면 바로 계곡 입구다. 산등성이는 하얗게 빛난다. 자세히 보니 바위다. 산이 물과 바위로 이루어졌다는 표현이 적절하다. 이희조1655~1724는 말한다. 물과 바위로 이루어진 산에서 옥류동이 가장 뛰어나다고.

　　옥류동 유람은 마당바위부터 시작된다. 한장석1832~1894은 「수락산유람기」에서 '서린 듯 누워서 평평하게 펼쳐졌다.'고 바위의 모양을 간결하게 묘사했다. 무심하게 누워있는 마당바위는 예전부터 길잡이 역할을 하였다. 친구를 만난 듯 반갑다.

　　계곡을 따라 물이 바위 위를 맑게 흐르면 십중팔구 옥류동이다. 금강산에도 있고 명승지 어디에나 있다. 서울에도 있지만 남양주 쪽 수락산 계곡에 있는 옥류동에 대해 자부심이 대단하였다. 사대부들이 유람하며 숱한 기문과 시를 남기면서 명성은 커져만 갔다. 김이안1722~1791은 「문암유기」에서 맑은 샘물과 푸른 바위가 휘감아 돌고 꺾어지는 것만으로도 마음을 시원하게 한다고 찬탄했다. 다음은 김이안의 글이다.

　　옥류동으로 들어가니 물과 바위가 흥취를 돋군다. 바위에 앉아 바람을 쐬며 시를 흥얼거렸다. 흐르는 물에 술을 띄워 한껏 풍류를 만끽

하였다. 모퉁이를 돌아들자 갑자기 산속이다. 집채만 한 바위가 가로 막는다. 중간에 작은 틈이 보인다. 흰 비단을 펼쳐놓은 것 같던 물결이 틈에 이르자 쟁그랑쟁그랑 옥 부딪치는 소리를 낸다. 옥류폭포다. 폭포는 얕은 못을 만든다. 머리카락이 비칠 정도다. 빙 돌아 위로 올라가자 층층이 쌓인 바위다. 물길을 따라 거슬러 올라가면서 아침저녁으로 바뀌는 모습을 보고 나서 흡족해하지 않은 사람이 없었다.

남용익1628~1692은 옥류폭포 위에 정자를 지었다. 간폭정에서 바라보는 폭포는 옥류동의 명소가 되었다. 문인의 발길이 끊이질 않았다. 그들이 남긴 시문으로 더욱 사람들의 입에 오르내렸다. 남용익의 「간폭정기」에 정자가 지어진 경위가 드러난다.

우리 집은 수락산에서부터 거리가 채 5리가 되지 않을 정도로 가깝다. 수락산은 양주의 큰 산으로 위에는 매월당의 옛터가 있으니, 그가 은거해 살았던 곳이다. (중략) 작년 겨울, 휴가를 청해 고향으로 돌아왔다. 이웃에 황진족이라는 이가 있는데, 의리를 숭상하고 재주가 많은 사람이다. 내가 탄식하며 부탁하길 "여산의 진경에 오직 신선의 집만 없으니 어찌합니까?"라 하니, 마침내 직접 도끼를 들고 하늘과 땅이 비밀로 한 경계를 깨뜨리고 귀신이 베푼 듯한 솜씨를 다해 폭포 오른쪽 언덕에 두 칸짜리 정자를 세웠다. 돌로 기둥을 삼고 나무판을 깔아 누각을 만드니, 수령인 조성보가 도와주어 겨우 수개월 만에 일을 마쳤다. 병인년1686 초여름 상순, 정자의 주인이 기록한다.

340여 년 전에 세워졌던 정자는 사라졌다. 풍류가 넘쳐나던 곳은 식당이 생겨서 흔적만 남겼다. 여전히 물소리와 바람 소리가 가슴을 시원하게 쓸어내린다. 1704년에 바위에 새긴 옥류동 글씨는 옛 영화를 보여준다. 송시열 글씨 밑에 또 다른 옥류동 글씨가 단정하게 새겨졌다.

정자에서 폭포를 바라보던 남용익이 시를 지어 스님에게 장난삼아 준다.

간폭정의 아침 해 취한 채 바라보다 瀑亭朝日醉來憑
선경에서 묘한 그림 그리는 스님 만났네 仙境仍逢妙畫僧
정자와 산수 몇 번이고 그렸을 테지만 畫幾樓臺與山水
이 정자와 폭포는 잘 그리기 어려우리 玆亭玆瀑畫難能

술에 취하여 아침 해를 보고 있다고 했으니, 누군가와 함께 밤새도록 술을 마셨으리라. 해 뜨는 풍경은 세상을 여는 풍경이다. 빛이 비치는 각도와 미세한 시간의 차이에 따라 다양하게 바뀐다. 아름답고 신비한 풍경이 연출된다. 남용익은 수락산 옥류폭포란 공간과 아침이란 시간의 합을 선경이라 표현하였고, 이러한 경치를 그리러 온 화승에게 묘하다고 말하였다. 뒤의 구절로 보아 그림 실력이 뛰어남을 알 수 있고, 묘妙는 그로 인해 나온 말이다. 뛰어난 화가라 하여도 이 풍광은 잘 그려내기 어려울 것이라 장난스레 말하며 폭포에 대한 애정을 드러낸다.

옥류폭포

「수락산의 폭포에 놀러 와 사실을 기록하고 경치를 묘사한다」
는 1678년에 지은 시이다.

지난해 감상한 박연폭포는   去年曾賞朴生淵

만 길 벼랑에서 푸르게 떨어지는 은하수   碧落銀河萬丈懸

오늘 다시 찾은 수락산 폭포   今日更尋楊岳瀑

푸른 산에 이어진 하얀 비단 한 줄기   靑山白練一條連

웅혼한 기상 저 폭포가 뛰어나지만   雄高氣象他應勝

조화롭고 온화한 모습 이 폭포가 낫네   醞藉形容此亦偏

저 땅 참으로 아름다워도 내 땅이 아니니   信美彼邦非我土

나는 내 숲에서 장차 늙어 가리라   我將終老我林泉

1676년 개성 유수를 요청해 외직을 역임하고 온 남용익은 그
곳에서 박연폭포를 보았던 기억을 떠올리며 시를 짓는다. 웅혼
고고한 기상은 박연폭포가 뛰어나지만, 조화로운 모습은 옥류폭
포가 낫다고 보았다. 개성은 내 땅이 아니니, 나는 양주 땅에서
늙어가겠다고 읊으며 고향에 애착을 갖는다.

김이안이 금류폭포를 보고 쓴 글이다.

물길을 거슬러 올라가자 길이 험해진다. 3리쯤 올라갔을까. 층층 절
벽이 길을 막는다. 높이가 각각 8, 9장은 됨직하다. 양쪽 절벽 사이
로 울퉁불퉁 널찍한 바위가 있어 수십 명은 앉을 만하다. 절벽 위도
마찬가지다. 모두 도끼를 휘두른 인공의 흔적이 없다. 깨끗하고 윤

옥류동 글씨

택하기는 옥류폭포만 못하고, 물줄기 역시 적어서 졸졸 흐를 뿐이
다. 당초에 지암止菴: 김양행 숙부가 말하길 금류폭포는 떨어지는 물
줄기가 열 장이라고 하였는데, 아마도 큰비가 온 뒤를 말한 듯하다.
승려들의 말도 이와 같다. 참으로 그러하다면 또한 장관일 것이다.

한장석의 글도 보인다.

바위를 뚫어 잔도를 만든 곳은 겨우 발끝 하나를 들일 수 있다. 부
여잡고 올라가 72계단을 지나자 비로소 경쇠 소리가 은은하게 구름
낀 숲 사이로 들린다. 바라보니 푸른 벼랑이 가로막고 여러 층의 계
단이 저절로 이루어져 있다. 물은 위로 흘러가는데 노란색이다. 석양
에 비치어서 금빛이 튀어 오르는 듯했다. 가까이 가서 살펴보니 이끼
가 바위를 얼룩지게 물들여서 이렇게 된 것이다.

한장석은 내친김에 「금류폭포를 구경하고 밤에 내원암에 묵
다」란 시를 짓는다.

골짜기 나무와 개울 안개 흐렸다 개고　谷樹溪嵐陰復晴
한가하니 잔도에 걸음 도리어 가볍네　心閒棧路脚還輕
태초의 바위에 금가루 같은 물이 흘러　先天老石流金屑
긴 밤 동안 빈 산에 빗소리가 나네　永夜空山作雨聲
길 끊어졌는데 오히려 암자 나타나고　境絶猶看紺宇出
골짜기가 깊으니 흰 구름만 비껴있네　洞深祇有白雲橫

금류폭포

절은 누추한데 등불 매달고 자려는데   禪寮不合懸燈宿
풍경 소리 들리며 동쪽 산에 달이 돋네   磬落東峯明月生

이어지는 한장석의 글은 수락산 내원암과 주변의 풍경을 세밀하게 묘사하였다.

내원암은 꼭대기에 자리하고 푸른 숲이 울창하다. 산은 평지와 거리가 매우 멀고 사찰 또한 산의 지극히 가파른 곳에 자리 잡았지만, 그윽하면서도 트여있기 때문에 높은 것을 알 수 없다. 밤이 되어 동쪽 요사채에서 쉬다가 문을 열어 보니 사방 높은 산은 모두 눈 밑으로 들어온다. 구름에 싸인 숲이 빽빽하고, 틈새를 메워 원대한 기세를 이어간다. 보름이라 완전히 둥글어진 달이 구르듯이 고개 위로 떠오른다. 온 골짜기가 대낮처럼 밝고 환하여 멀리 조망해도 트여 가려짐이 없다. (중략) 다음 날 아침 칠성각에 올랐다. 칠성각은 사찰 오른쪽으로 비스듬하게 수십 보 떨어져 있고 승려 한 사람이 지키고 있다. 바람에 스치는 풍경과 대롱 샘물이 메아리친다. 용암龍巖과 압봉鴨峰이 의젓하게 서로 손을 맞잡고 읍한다. 맑고 심원하면서도 고요함은 더욱 인간 세상에 비할 수 없을 듯하다.

남용익은 옥류폭포 옆 간폭정에서 5리를 오르면 김시습이 살던 옛터가 있다고 하였다. 폭포 위가 바로 그곳이다. 암자가 들어서기에 적당한 크기다. 넓지도 않고 좁지도 않은 곳에 내원암이 자리 잡았다. 답답함을 해소할 수 있게 동쪽이 뚫려있다. 김시

내원암

수락산

습은 10년 동안 수락산 내원암 자리에 머물렀다. 1469년에 성종
이 즉위했을 때 김시습은 37세였다. 이제는 유교 이념에 충실한
바른 정치가 이루어지리라 기대했을 것이다. 현군의 자질을 지닌
새 조정에서 벼슬 못할 이유가 없다고 생각했으리라. 누군가 상
경을 권고하자 경주에서 일생을 마치려던 마음을 고쳤다.

　　홍직필1776~1852은 「수락산유람기」에서 "아! 김시습은 사람
중의 만장봉이요 만장봉은 산 중의 김시습이다. 기상과 절개가
서로 나란하니, 천지와 함께 영원할 것이다."라고 말했다. 홍직필
은 수락산의 우뚝한 모습에서 김시습을 보았다.

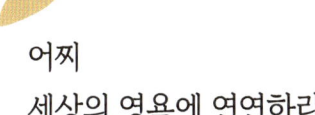

어찌
세상의 영욕에 연연하랴

　수락산 서쪽에 살던 박세당1629~1703은 「석림암기」에 김시습과 관련된 정보를 실었다. 수락산 동쪽에 매월당梅月堂과 홍국사, 은선암 등 몇 개의 절이 있었는데, 매월당은 김시습이 거처하던 곳이고, 세월이 오래되어 이미 없어졌다고 알려준다. 수락산 동쪽에 살던 이희조1655~1724는 「유수락산기」에서 산 중턱에 이르니 금류폭포가 더욱 기이하고 장대하여 볼만하고, 가장 높은 봉우리 아래에 매월당의 옛터가 있다고 밝힌다. 매월당의 옛터는 지금의 내원암 일대다.

　김시습은 수락산 시절에 도연명의 삶을 흠모하였다. 「세모에 성 동쪽 폭포 머리맡에 거처하였는데, 청송과 백석이 아주 마음에 들었다. 나는 노연넝의 귀전원 시의 뜻을 흠모하여 그 시에 화운한다」라는 제목으로 다섯 수를 지었다. '성 동쪽 폭포 머리맡'은 후대 사람들이 말한 매월당의 옛터이며 내원암 일대다. 제1수는 다음과 같다.

　세모에 도성 동쪽 끝에 거처하니　晩居城東陲
　수석이 여산보다 낫네　水石勝廬山

찬 바위에 의지하여 터 잡아 집 짓고 卜築依寒巖

궁핍하게 산 지 서너 해 窮居逾數年

검은 표범은 남산에 숨고 玄豹隱南山

신룡은 구룡연에 잠겼네 神龍襲九淵

내 현빈玄牝의 문을 닦고 修我玄牝門

내 강궁絳宮:마음을 김매어 鋤我絳宮田

남은 목숨 보전할 수 있으니 足以保殘生

어찌 세상의 영욕에 연연하랴 豈戀浮沈間

남산의 표범은 안개비가 내릴 때는 털빛이 상할까 산을 나와 가축을 먹지 않는다고 한다. 표범은 원래 성질이 깔끔하여 비가 오거나 안개가 끼면 굶을지라도 굴에서 나오지 않는다. 자기 털이 윤기를 잃을까 염려해서다. 이를 표은豹隱이라 한다. 선비도 마찬가지다. 세상이 어지러워 티끌이 묻을 것 같으면 선비는 아무리 못살아도, 아무도 알아주지 않아도, 은둔하여 몸과 이름을 보전한다. 때가 됐을 때 물에 잠겨있던 용이 승천하듯 자신을 드러낸다.

현빈玄牝의 문을 닦겠다고 하였다. "곡신谷神은 불사不死하니 시위현빈是謂玄牝이오. 현빈지문玄牝之門은 시위천지근是謂天地根이니 면면약존綿綿若存하야 용지불근用之不勤이니라." 노자는 『도덕경』에서 죽지 않는 골짜기의 신을 현빈이라 일컫고, 그것이 천지의 뿌리라 보았다. 면면히 존재하는 듯하며 이를 쓸지라도 마르지 않는다고 도의 작용을 설명한다. 봉우리는 양이요, 골짜기는 음이다. 여성이 직접적인 생성의 모체이기 때문에 암컷이 천지의 뿌리다. 도의 본체가 무無인 것처럼 골짜기가 비어 있어서, 암컷이 만물을 낳을 수 있고 자연의 도는 무궁하게 이어진다는 요지다. 김시습의 도가적인 사상이 잘 드러나는 시이다. 그에게 부귀영화는 크게 중요하지 않았다.

> 들 사슴은 섬돌에서 순하고 野鹿馴階除
>
> 산 새는 처마 머리에 지저귀누나 山鳥鳴簷前
>
> 예주경蘂珠經 읽고 나니 讀罷蘂珠經
>
> 향 연기는 전자篆字를 그리며 사라지네 古篆消香煙
>
> 동쪽 시냇가에서 방초를 찾고 尋芳東澗涯
>
> 남산 머리에서 약을 캐나니 採藥南山巓
>
> 명리 세상을 버리매 一抛利名場
>
> 만사가 한가롭기만 하네 萬事多閑閑
>
> 북창 아래 웃으며 즐기다가 笑傲北窓下
>
> 도도하게 홀로 기뻐하네 自喜陶陶然

예주경蘂珠經은 도교 경전인 『황정경』을 말한다. 예주는 신선들이 산다고 하는 꽃과 구슬로 장식한 궁전이다. 도사들이 예주궁에서 『황정경』을 읽다가 잘못 읽으면 벌을 받아 인간 세계로 떨어진다고 한다. 「탕유관서록」 발문에 "나는 어려서부터 성격이 거리낌 없고 호탕하여 명예와 이익을 즐겨하지 않고, 생업을 돌보지 아니하였다. 다만 청빈하게 뜻을 지키는 것이 포부였다."

라고 유람의 뜻을 밝혔다.

　김시습은 천성이 그러한 데다가 주변의 환경도 뜻대로 되지 않았다. 남산의 표범처럼 자신의 털이 더러워질까 염려했는지 모른다. 세상이 어지러워 티끌이 묻을 것 같아 미리 초연했는지 모른다. 마음 한구석에 때가 되면 물에 잠겨있던 용이 승천하듯 자신을 드러내리라 생각하였을 것이다.

깊은 산으로 가는
너를 보내노라

김시습의 제자 중에 선행善行이라는 자가 있었다. 여러 해 동안 회초리질을 당하더라도 끝내 가지 않았다. 어떤 이가 괴이하여 까닭을 물었다. 선행이 말하길 "스승님이 전에 산에 계실 때 작은 바가지에 물을 담아 놓고 아침부터 밤까지 삼일이나 부처 앞에 꿇어앉아 있었습니다. 선정禪定이 이와 같으면 곧 부처님입니다. 내가 마음으로 깊이 따르므로 떠나지 못합니다."라고 하였다. 명종 때 예조판서를 한 윤춘년1514~1567의 「매월당선생전」에 나오는 말이다. 궂은일을 하며 모시던 선행은 김시습을 부처라고 여겼다. 존경심이 절로 우러나왔다.

선행이 언제가 시를 지어서 만든 두루마리에 김시습은 시를 석어주었나.

나이 사십 넘고 다시 몇 해 더했어도　年來四十又加年

세상에 알려지지 않고 도도 깊지 못하네　於世無聞道未玄

넌 이십 년 넘은 뽕나무벌레　汝作桑蟲逾二紀

난 세 잠을 잔 봄 누에　我如春蟻已三眠

한가한 속에 옛 잘못 반성하고　閑中猛省前非事

꿈에서도 귀거래사를 읊노라　夢裏常吟今是篇

상商이 날 깨우쳤다는 공자의 말씀 商也起予終古語

더욱 채찍질하여 청풍명월 노래하길 清風明月勸加鞭

　김시습의 나이가 사십하고도 몇 년이 되었으니, 수락산에 머물던 때이다. 스스로 이름이 알려지지 않고 도에 대한 공부가 깊지 않노라고 말하지만 겸손한 표현이다. 세 잠을 잔 누에도 겸손의 말이다. 누에는 네 잠을 잔 후 고치를 짓고 번데기로 몸을 바꾼다. 아직 공부가 부족하다는 표현이다. 도연명의 「귀거래사」에 지금은 옳고 어제는 그른 것을 깨달았다는 구절이 있다. 과거 행동은 잘못됐고, 오늘을 반성해 바로잡았다는 뜻이다. 공자로부터 군자라고 칭송받은 위나라 대부 거백옥은 50세 때 지난 일을 돌아보며 과거 삶이 잘못됐음을 인정하고 새 삶을 살았다. 그래서 50세를 잘못을 안다는 의미에서 '지비知非'라고 한다. "본바탕으로 아름다움을 삼았다[素以爲絢]"라는 옛 시의 뜻을 묻는 자하에게 공자는 회사후소繪事後素, 즉 그림 그리는 일은 바탕을 먼저 마련한다고 대답했다. 이에, 자하가 "예禮가 뒤이겠군요."라고 다시 묻자, 공자는 "나를 흥기시키는 사람은 자하로구나! 비로소 더불어 시를 이야기할 만하구나."라고 크게 칭찬했다. 자하 대신에 선행을 대입시킨 것이다. 김시습은 선행을 인정하였다.

　양양 법수치리 검달동에서의 일이다. 산사에서 무료함을 달래기 위하여 시를 짓고 낭랑하게 읊었다. 곁에는 젊은 시절부터 그를 따랐던 선행이 있을 따름이었다. 김시습은 선행과 윷놀이를 하면서 소일하였다. 그는 "윷 나와라, 모 나와라."라고 크게 소리쳤다. 산에 사는 것을 즐겼지만 늘 즐거운 것은 아니었다. 노년에 양양에서 산속 생활하는 그에게 바람과 함께 회한이 찾아오곤 했다. 선행이 나무 패는 것을 보면서 문득 슬픔에 젖는다. "그대 늙고 나도 쇠퇴해 가니, 뜬 인생 참말로 슬프구나." 이 시기의 시에 자주 등장하는 시어는 슬픔이다.

선행은 한 해가 끝날 무렵에 더 깊은 산으로 떠났다. 김시습은 「깊은 산으로 들어가는 선행을 전송하며」라는 시를 써주면서 우울해하였다.

깊은 산으로 가는 너를 보내노라 送汝深峯去

깊은 산에는 눈 많이 쌓였을 텐데 深峯積雪多

사람 발자국은 아예 없고 定無人履迹

짐승만 마주칠 테지 唯有獸相過

나무들은 창같이 매섭고 萬木寒如戟

봉우리들은 소금같이 희리 千峯白似醝

산속에 있는 몇 채 집은 山中幾箇屋

높이 매달려 꼭꼭 문 닫고 있으리 閉戶架嶔峨

같이 지낸 선행마저 떠났다. 문득 서울의 친구들이 그리웠다.

이 세상에서
부끄러움이 없으리

　　1453년 10월 10일에 수양대군이 김종서 등을 죽인 '계유정난'
이 일어났다. 수양대군의 위협을 견디다 못한 단종은 수양대군
에게 옥새를 넘겨준다. 삼각산 중흥사에서 공부하고 있던 김시습
은 수양대군이 왕위를 찬탈했다는 소식을 듣는다. 이 세상에 도
가 실현될 수 없음을 알고 방랑길에 나선다. 중흥사를 나와 방랑
길에 나선 김시습의 발길은 강원도 철원 복계산 자락의 사곡촌에
닿았다.

　　김화현 관아에서 남쪽 10리 떨어진 사곡촌 골짜기에 수양대
군의 찬탈에 울분을 느껴 병조판서를 그만두고 서울을 떠난 박계
손과, 그의 부친 박도 등 영해 박씨 일가 일곱 명이 초막을 짓고
은거하고 있었다. 세조가 예조참판에 임명했으나 이를 거부한 조
상치도 이곳으로 왔다. 김시습은 이들과 함께 은거하면서 시대를
거부하고 새로운 길을 모색했다.

　　1475년성종 6, 박계손(박숙손)이 죽었다는 소식이 김시습에게
전해졌다. 세조 원년에 김화 초막동에 은둔하다가, 산이 깊은 함
경도 운림산으로 부형을 모시고 숨어 들어가 살던 그가 61세로
삶을 마감한 것이다. 김시습은 그의 일생을 기록한 「병조판서 박
공 행장」을 지었다.

구은사

공이 조정에 있을 때의 이름은 계손이고, 입산한 뒤의 이름은 숙손
이며, 자는 자현이다. 단종 조정에 벼슬이 병조판서에 이르렀으며, 경
태 6년세조 원년, 1455년 김화의 초막동에 은거해 조상치와 「자규사」
를 주고받았는데, 내용이 아주 애처로웠다. 당시에 조정에서 자주
불렀지만, 깊이 은거해 자취를 감출 계획으로 부형을 모시고 문천의
운림산 수한동으로 들어가 스스로 포신逋臣이라 부르고 스스로 묘
지명을 지어 나에게 보여주었다. 묘지명을 다 읽기 전에 눈물이 볼을
적셨다. 아아! 억센 풀이 질풍을 만나고 우뚝한 기둥이 파도에 시달
렸구나. 위대하다 공이여! 공은 이 세상에서 부끄러움이 없으리라.

김시습과 조상치를 포함하여 영해 박씨 일가인 박도, 박제, 박
규손, 박효손, 박천손, 박인손, 박계손까지 일곱 명을 합하여 '구
은九隱'으로 부른다. 영해 박씨 일곱 명은 박창령의 아들과 손자
다. 이들은 사육신이 처형당했다는 소식을 듣자 신변에 위협을
느끼고 각자 흩어진다.

박규손의 가족은 김화에 남고, 박효손의 가족은 금강산으로,
박천손은 백천으로, 박제의 가족은 곽산 광림산으로, 박도의 가
족은 함경도 문천으로 뿔뿔이 흩어졌다.

사곡리 교차로에서 화천 산양리 방향으로 가니 왼쪽에 구은
사를 가리키는 안내판이 보인다. 구은사 뒤를 보니 잣나무가 빽
빽하다. "날씨가 추워진 뒤에야 소나무와 잣나무가 늦게 시듦을
알 수 있다."라고 했듯이 세상이 어려워진 뒤에야 참된 선비의 진
면목이 드러나는 것을 알려주는 것 같다.

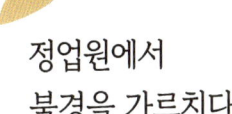

정업원에서
불경을 가르치다

　살아생전의 잘못을 깨끗하게 씻는 정업원淨業院은 비구니 사찰이었다. 왕실을 비롯해 신분이 높은 여인들이 남편을 여의면 이곳에서 여생을 보내곤 했다. 정업원의 전통은 고려에서 조선으로 이어졌다. 언제 창건됐을까. 1164년 의종이 정업원에 행차했다는 기록이 보인다. 몽골의 침입으로 강화를 임시수도로 삼았을 때도 정업원을 지정해 비구니들이 모여 살도록 했고, 환도한 이후 다시 정업원을 운영했다. 조선은 개경의 정업원을 한양으로 옮겨 세웠다.

　성종 6년인 1475년 5월 26일. 경연에 나아가 강하기를 마치자, 임금이 재상을 보고 말하였다.

　"최근에 비구니 정인이 학윤과 간통하고 주인을 죽이기까지 하였으니, 풍속의 어지러움이 막심한데, 이것은 비구니들이 도성의 마을에 많이 살아 여염에 섞여 있기 때문이다. 한 구역에 따로 살면서 서로 섞이지 않게 하려는데, 어떠한가?"

　정창손이 대답하였다.

　"성안에 이미 정업원이 있는데, 또 어디에서 따로 살겠습니까? 정업원에도 자못 주문이 있습니다. 비구와 비구니는 복색이 다르지 않아서 거리낌 없이 왕래하므로 쉽게 어울려 음행할 수 있습니다. 그 근원을 막자면 성안의 마을에 새로 지은 작은 절들을 일체 헐어 없애야 합니다.”

사간 박숭질이 아뢰었다.

“선비 집안의 부녀자는 비구니가 되는 것을 허가하지 않으나, 최근에는 단속이 엄하지 않으므로 어린 처녀가 억지로 머리를 깎이어 과년하여도 짝짓지 못하는 남녀가 매우 많습니다. 또 중들과 서로 왕래하며 방자하게 음란한 행위를 합니다. 최근에 설잠雪岑이라는 중은 본래 계율도 모르면서 불경을 가르친다는 핑계로 정업원에 출입하면서 이틀 밤을 머물러 잤으니, 그사이에 음란한 일이 있는지도 알 수 없습니다. 성안의 비구니 사찰을 모두 헐어 없애게 하는 것이 좋겠습니다.”

설잠雪岑은 김시습의 법호다. 추문과 관련되어 실록에 등장한 그는 41세였다. 계율도 모르면서 불경을 가르친다는 말은 비난을 위한 왜곡이다. 세조가 주도한 불경을 우리말로 번역하는 사업에도 참여한 바가 있지 않은가. 효령대군이 실력을 인정하고 세조도 공인하였다. 이때는 김시습이 경주 생활을 청산하고 서울로 돌아와 수락산 폭천정사에 거주했을 때이다. 이 기사는 도리어 김시습의 명성이 궁내 비구니에게도 알려졌다는 방증이다.

영조 47년인 1771년 8월 28일에 정업원과 관련한 기사가 보인다.

임금이 정업원의 옛터에 비각과 비석을 세우도록 명하고, '정업원구기淨業院舊基' 다섯 자를 써서 내렸다. 정업원은 흥인문 밖 산골짜기 가운데에 있는데, 남쪽으로 동관왕묘와 멀지 않았으며, 곧 연미정동으로, 단종 대왕의 왕후 송씨가 손위한 후 거주하던 옛터이다.

영조가 세운 정업원구기비淨業院舊基碑는 낙산의 동쪽 기슭에 있다. 종로구 숭인동이다. 영조는 단종비 정순왕후를 기리고자 1771년 친필로 '정업원구기' 다섯 글자를 써서 새겼다. 정순왕후는 단종이 영월에서 살해된 뒤 정업원에서 여생을 보낸 것으로 알려졌다.

동봉 사랑해
언제나 바라보네

온통 바위로 이루어진 산이다. 산속의 뭇 샘물이 모여서 시내
가 된다. 물은 바위를 따라 구불구불 흘러내리며 연못이 되기도
하고 폭포가 되기도 한다. 맑은 물이 바위 위로 흐르고 하얀 바위
가 물에 씻긴다. 물은 바위 때문에 더욱 맑고 바위는 물 때문에 더
욱 희다. 계곡의 이름을 '석천石泉'이라 하였다. 박세당1629~1703
은 수락산 석림사가 있는 석천계곡을 이렇게 묘사했다. 그는 짚신
을 신고 지팡이를 끌며 아침저녁으로 석천계곡을 거닐었다. 질병
과 우환이 있지 않으면 이곳을 거닐지 않은 적이 없었다.

40세에 관직에서 물러나 30여 년간 수락산 자락 석천계곡에
은거하며 농사와 후학양성에 힘썼다. 실학에 기반한 농경법을 이
용하여 직접 농사를 지었다. 농사를 지은 경험과 여타의 농서를
토대로 『색경』을 저술했다. 구체적인 작물의 재배 기술뿐만 아
니라, 농업·농학을 보는 안목에 관해서 새로운 문제를 제기하여
18세기 농학에 큰 영향을 미쳤다는 평가다.

석천계곡 입구에 자리한 고택은 수락산 서쪽을 지킨다. 오래
된 은행나무가 고택의 연륜을 말해준다. 박세당은 일찍 은퇴해
여기서 평생 연구하고 제자를 가르쳤다. 한때 서장관으로 청나라
를 다녀온 일이 있었다. 청나라의 눈부신 발전을 직접 목격해서

박세당 고택

인지 학문에 큰 변화가 있었다. 당시 사대부와 달리 실용에 입각
한 새로운 유학에 눈을 떴다. 조선에서 이단시해 온 노장사상에
심취해 『도덕경』과 『장자』 역주를 펴냈다. 배우기를 청하는 사
람들이 점점 늘어났다. 집 밖 계곡에 있던 괴산정費山亭은 학업을
익히던 곳이다. '궤산'이란 이름은 『서경』의 "아홉 길 산을 만드
는데 마지막 한 삼태기의 흙이 모자라면 안 된다[爲山九仞 功虧一
簣].'라는 글에서 따왔다. 제자들에게 공부를 게을리하지 말기를
강조하는 의미에서 이름 지었다.

　박세당은 집 앞 바위에 석천동石泉洞이란 글을 새기고 수락산
의 주인이 되었다. 주변에 '서계유거西溪幽居', '취승대聚勝臺'란 글
씨도 보인다. 지팡이를 짚고 짚신을 끌며 거닐다가 바위에 걸터
앉아 발을 씻기도 한 곳이다. 동대에서 노닐지 않으면 서대에서
놀고, 남대에 오르지 않으면 북대에 올랐다. 사대四臺는 아침저녁
으로 즐거움을 줄 뿐만 아니라, 사철 제각각 위안을 주었다. 봄에
는 동대에서 꽃을 감상하고 여름에는 남대에서 바람을 쐬었다.
가을에는 서대에서 달을 맞이하고 겨울에는 북대에서 눈을 즐겨
구경하곤 했다. 사철의 빼어난 경치를 사대가 하나씩 갖추고 있
는데, 이를 모아 소유하였기 때문에 '취승대'라 이름하였다. 사대
四臺는 집 주변의 바위다.

　계곡을 따라 올라가면 붉은색 홍살문이 보인다. 노강서원이
다. 노강서원은 박세당의 둘째 아들 박태보의 위패를 모신 사당
이다. 박태보는 인현왕후 폐위에 반대하는 상소문을 올렸다가 왕
의 친국과 고문을 받았다. 진도로 유배를 가던 중 노량진에서 사

취승대

노강서원

망했다. 노량진에 그를 기리는 서원이 세워진 것은 숙종 21년이
었다. 숙종 23년에는 국가에서 인정한 사액서원으로 '노강'이라
는 편액을 받았다. 노량진에 세웠던 노강서원은 6.25 때 전소되
었고, 1968년 지금의 자리에 새로 지었다. 서원 자리는 박세당이
김시습을 기리고자 세운 '청절사淸節祠'가 있었던 곳이다. 박세당
은 매월당의 영당을 짓기 위해 글을 짓는다.

> 선생이 처음 수락산에 은거하였을 때 매월당梅月堂을 세우고 거처하
> 였는데, 동봉자東峯子라고 스스로 호를 지으신 것은 역시 이 때문이
> 다. 혹 서산西山 채미採薇의 유풍에 은미한 뜻을 깊이 담은 것일 수
> 도 있다. 매월당이 무너진 지는 이미 오래이며 당을 세웠던 터만 아직
> 깎아지른 벼랑 사이에 남아 있다. 돌을 포개 섬돌을 견고하게 만든
> 것이 어제 쌓은 듯하고, 늙은 등나무와 우거진 가시나무가 그 위를
> 덮고 있다. 그곳을 찾는 자들은 모두 감개와 슬픔을 억누르지 못할
> 것이다. 다만 그곳이 몹시 험하여 벽곡辟穀: 곡식은 먹지 않고 솔잎이나 대
> 추, 밤 따위를 조금씩 날로 먹음하면서 고행할 사람이 아니라면 실로 살 수
> 없을 것이다. 이 때문에 후대에 옛 모습을 복원할 사람이 없었다. 장
> 차 산의 서쪽 기슭에 작은 영당을 세우고 무량사에 있는 초상화를
> 베껴 봉안하려고 한다. 그렇게 되면 거의 선생의 유풍이 영원토록 이
> 산에서 끝끝내 사라지지 않아서, 유람차 이곳에 오는 선비들이 무량
> 사의 경우처럼 사모하는 정성 드릴 곳이 없어 서글퍼하며 어찌할 줄
> 모르는 데에까지는 이르지 않을 것이다.

김시습은 1472년성종 3부터 수락산 동쪽 폭천정사에서 10년 동안 살았다. 김시습에 대한 박세당의 존경과 흠모는 대단하였다. 여러 사람의 도움으로 매월당의 영정을 모시는 청절사가 완성되었다. 『신증동국여지승람』은 숙종 병인년에 건축해서 신사년에 사액 받았다고 적었다. 『연려실기술』은 김시습의 영정과 곁에 박세당의 화상이 있노라고 기술하였다.

청절사에 영정을 모시고 박세당은 공손히 시를 짓는다. 「청한자진찬」이란 시인데, 청한자는 김시습의 호이다.

부자께서 말하기를 夫子言之

역책易簀을 내 아노라 易簀吾知

생사의 이치 이미 알았으니 死生已辨

나머지 물을 것이 있겠는가 況問餘爲

형체는 물거품에 부쳐졌으나 形寄幻漚

마음은 우주를 꿰뚫었네 心貫宇宙

그림에서 부자를 찾아보니 卽圖以循

누가 진면목 어지럽히겠는가 孰亂其眞

역책易簀은 학덕이 높은 사람의 죽음을 말한다. 증자가 운명할 때 일찍이 계손에게 받은 대자리에 누워있었는데 자신은 대부가 아니어서 이를 깔 수 없다고 하였다. 다른 자리로 바꾸게 한 다음 운명했던 고사에서 유래한다. 죽음까지 알만큼 세상의 이치를 깨달았다는 의미이다. 김시습은 우주의 이치를 깨달은 분이라

존경하였다.

박세당의 『서계집』에 긴 제목의 시가 보인다. 「지난해부터 여기에 동봉의 영당을 경영하였다. 호남의 서처사徐處士: 서봉령가 듣고서 기뻐하며 선배들이 동봉의 일을 읊은 시와 내가 지은 절구시·율시·고시에 차운한 것이 총 7수인데, 깊은 감동을 편 데다 아울러 장려하는 뜻을 담았다. 시를 반복하여 읊음에 고무가 되고, 이어서 부끄러워져 문득 이제 화운을 한다. 처사께서 본디 나를 알지 못하는데도 나의 시에 화운해 지어 준 것이 이번이 두 번째다. 스스로 분에 넘치는 복이라고 생각한다」는 총 8수인데 다음은 그중 일부다.

동봉東峯 아래 살면서부터 自住東峯下
수석의 빼어남 더욱 사랑했지 尤憐水石奇
이로 인해 어질고 밝은 시대에 因懷淸隱老
청은淸隱의 고결한 은둔 사모했네 高遯聖明時
진영과 남기신 필적이 전하고 眞像傳遺筆
새로운 사당은 옛터에 세우네 新祠傍故基
못난 내가 품고 있는 이 뜻이 區區抱此意
멀리 과분한 시에 부끄럽다오 遙愧過情詩

동봉東峯은 수락산 만장봉이자 김시습의 호이다. 청은淸隱도 김시습의 호이다. 진영을 모신 청절사를 세운 뜻을 감히 헤아리기 어렵다.

홍직필1776~1852은 석천계곡을 유람한 후 지은 「수락산유람기」에 김시습을 언급한다. 징악장인이 일찍이 청절사 앞의 수석이 도봉산보다 나은 듯하다고 하셨으므로, 도봉산에서 장인을 따라 청절사를 찾았다. 청절사는 수락산 아래 서계 가에 있다. 날아갈 듯한 정자가 계곡 사이에 자리하고 있기에 난간에 기대어 조금 쉬었다. 사당에 들어가 참배하고 봉안된 초상화를 살펴봤다. 바로 스님의 모습인데 삭발하였으나 수염을 남겨두었으니, 이상하게 여길 만하였다. 김시습의 사상적 지향은 심유적불心儒跡佛이라는 말로 요약되는데, 이는 마음은 유학이되 겉으로는 불자로 살았다는 뜻이다. 심유적불을 초상화에 표현한 것이다. 삭발한 머리에 수염을 남겨둔 형태의 김시습 초상화는 다른 곳에서도 발견된다. 설악산을 유람하다가 오세암에 방문한 사람들은 독특한 김시습의 초상화를 목격하게 된다. 안석경은 1760년에 오세암에 들렀다. 암자엔 매월당의 초상화 두 폭을 진열했는데, 하나는 유학자의 초상이고, 하나는 스님의 초상인데 수염이 있었다. 높은 이마와 굳센 광대뼈, 힘찬 눈썹과 빛나는 눈, 우뚝한 코와 무성한 수염은 참으로 영웅호걸의 외모였다고 「설악기」에 적었다.

노강서원 앞에 정자터가 보인다. 영당 옆에 정자가 없을 수 없다는 이유에서 서계의 문인들을 중심으로 정자 건립의 논의가 일어났다. 1729년영조 5 청절사 앞 개울가에 작은 정자가 완성되었다. 백이, 숙제에 비견될 만한 동봉 김시습의 청풍대절을 기려 정자 이름을 청풍정이라 명명하였다. 당대의 명필 윤순이 편액의 글씨를 썼다. 오원은 「청풍정淸風亭」이란 시를 짓는다.

옛 사당 있는 맑은 시냇가에   古廟淸溪上

슬픈 노래가 초정에 머무네   悲歌坐草亭

초심이 어찌 구학에 있었으리오마는   初心豈丘壑

남긴 자취만 단청에 서렸구려   遺迹秪丹靑

고사리 돋은 산엔 봄이 저물어 가는데   綠蕨山春老

마름 풀 자라는 물은 내음이 향긋해라   芳蘋水氣馨

오늘 밤 예서 자고자 하나   欲成今夜宿

차마 자규의 울음소리 듣지 못하겠어라   未忍子規聽

고사리 돋은 산은 절의를 지키기 위해 수양산에서 고사리 캐 먹으며 살았던 백이·숙제를 그리워하게 한다. "수양산 바라보며 이제를 한하노라. 주려 주글진들 채미採薇도 하난 것가. 비록 애 푸새엣거신들 긔 뉘 따헤 낫다니."라고 읊었던 사육신 성삼문의 시조를 동시에 떠올리게 한다. 마름 풀은 제사에 올리는 음식이다. 이곳에 김시습을 기리는 사당이 있었기에 이른 말이다. 자규는 울음소리가 처절하여 슬픔을 자아낸다고 하는 새이다. 여기서는 단종을 그리워하는 소재로 쓰였다. 수양대군에 의하여 영월에 유배된 단종은 왕실을 떠나온 설움을 달랠 길이 없어「자규사」를 지어 자기 신세를 두견새에 비유하면서 피맺힌 절규를 한 바 있다.

정자 터 앞 계곡은 너럭바위다. 바위 위에 새겨진 수락동천水落洞天은 손아래 처남인 남구만이 쓴 글씨라고 전해진다.

정자터와 수락동천 바위글씨

노강서원을 지나 계곡을 조금 더 오르면 석림사 일주문이 나온다. 석림사는 1671년 석현과 그의 제자 치흠이 창건한 절이다. 박세당의 「석림암기」에 시말이 자세하다.

수락산 석림암은 승려 석현과 문도 치흠이 세운 암자로, 이름은 내가 지었다. 수락산은 한양에서 30리 동쪽에 자리하여 삼각산, 도봉산과 더불어 솥발처럼 솟아 있다. 비록 깎아지른 형세는 두 산보다 조금 못하지만, 수석의 경치는 수락산이 으뜸이다. 산의 명칭은 이 때문에 얻어진 듯하다. 그러나 이름이 도리어 두 산에 가려져 세상에서 이 산의 이름을 부르는 사람이 드물다. 그래서 요즘 사람들이 이 산에 유람하러 오지 않는다.

수락산 동쪽에는 예전에 매월당과 흥국사, 은선암 등 몇 개의 절이 있었다. 매월당은 김시습이 거처하던 곳인데, 세월이 오래되어 이미 없어졌다. 김시습은 이 산을 매우 좋아하여 '동봉東峯'이라 스스로 호를 지었을 정도이다.

아, 이 산은 천지와 더불어 영원히 존재하니, 빼어난 경치가 애당초 옛날이라 해서 더 낫고 지금이라 해서 더 못하지 않다. 그러나 세상 사람들은 이 산을 사랑할 줄 모르고 이 산을 좋아한 자는 오직 김시습 한 사람일 뿐이었다. 김시습이 죽은 지가 300년이나 되니, 다시 이 산을 사랑하는 사람이 있는가. 암자를 지은 것이 김시습과 비교하여 그 뜻이 어떠한가. 석현과 치흠은 혹 알 수 있을 것이기에 나는 한스럽게 여기지 않는다.

석림사에서 바라본 수락산

석림사는 반남 박씨 박세당의 원찰로, 김시습의 충절을 흠모하던 조선 후기의 문신 박태보가 중창한 사찰이다. 수락산 일대는 박세당의 아버지인 박정이 인조반정의 공을 인정받아 하사받은 사패지의 일부였다. 그 연고로 박세당이 관직을 그만두고 이 골짜기에 터를 잡게 되었고, 석림사의 역사도 함께 시작되었다.

박세당이 김시습을 그리워하며 지은 「동봉東峯」을 보자.

동봉에 이미 옛 정사 없어졌으니 東峯已無舊精舍
도인의 풍류 이을 이 그 누구인가 道人風流誰繼者
서계의 노옹 시냇가 언덕에 살면서 西溪老翁住溪畔
유독 동봉 사랑해 언제나 바라보네 獨愛東峯行坐看
동봉은 은하수 가에 높이 솟았고 東峯高入星漢邊
도인의 도 수이隨夷보다 뛰어났네 道人道超隨夷前
범속한 승려와 선비 일을 좋아하지 않아 凡僧俗士不好事
도인이 남긴 자취 이제 기억하지 못하지 道人遺蹤今莫記
적막한 바위에 오래도록 기대어 읊조리니 寂寞空巖吟久倚
동봉의 달빛이 서계의 물에 비치네 東峯月照西溪水

수이隨夷는 고대의 어진 선비인 변수卞隨와 백이伯夷를 말한다. 변수는 은나라 탕왕이 왕위를 물려주려 하였으나 받지 않았고, 백이는 주나라 무왕이 은나라를 멸망시키자 주나라의 곡식을 먹지 않겠다면서 굶어 죽었다. 김시습은 두 사람보다 뛰어나다고 찬탄한다.

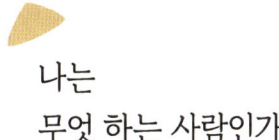

나는
무엇 하는 사람인가

삼각산 중흥사에서 글을 읽고 있었던 김시습에게 도성에서 돌아온 사람이 세조가 임금이 되었다는 소식을 전해준다. 김시습은 바로 문을 닫고 두문불출하였다. 사흘이 지난 뒤 갑자기 통곡하더니 책들을 모조리 불살라 버렸다. 미친 듯이 뒷간에 빠졌다. 그곳에서 도망하여 머리를 깎고 설잠雪岑이라고 스스로 불렀다. 고단한 삶이 시작되었다. 개인적 영달 대신에 불의한 현실에 저항하는 삶을 선택한 대가였다. 전도양양한 길을 버리고 예측하기 힘든 길로 들어섰다.

거짓으로 미친 체하여 스스로를 감추었다. 그에게 도를 물으려 하는 사람이 무수히 많았으나 미쳐 날뛰는 꼴을 보여주었다. 나무나 돌로 때리려 하고 혹은 활을 당겨 쏘려 하면서 그 사람의 뜻을 떠보았다. 이런 일도 있었다. 산에 들어가서 나무의 껍질을 벗기고 시 쓰기를 좋아하였는데, 써 놓고 한참 읊조리다가는 문득 울면서 깎아 버리곤 하였다. 『해동잡록』에 수록된 현실과 갈등하는 일화들이다. 술에 취해서 이렇게 한탄하기도 했다.

술 얻으면 무한히 기뻐 미칠 것 같아 　得酒無端喜欲狂
백 년 인생살이에 넘어지고 자빠지네 　百年人世定蹉跎

장자는 호접몽에서 처음 깨어났고 莊周初醒胡蝶夢

원재元載는 마귀에게 살해되었네 元載新挑鼻準魔

꽃길에서 노니는 건 장후蔣詡와 같고 花徑浪遊同蔣詡

시단에서 독보적인 건 염파廉頗 같구나 詩壇獨步似廉頗

산에 묻노니 나는 무엇 하는 사람인가 問山我是何爲者

우주가 생긴 뒤로 나를 아는가 모르는가 宇宙開來知我麼

　술이 생기면 미칠 듯이 기쁘다는 표현은 그만큼 현실이 고통스럽다는 뜻이다. 술에 취해야만 견딜 수 있는 현실은 무도함이 판치는 세상이다. 권모술수가 난무하고 조그만 이익 앞에서 자신의 신념을 초개같이 버리는 세상이다. 그곳에서는 온전한 정신으로 살 수 없다. 원재元載는 권력자에게 빌붙어 출세하였다. 권력자가 죽자 같이 처형되었다. 뇌물을 산더미처럼 모았다고 한다. 장후蔣詡는 왕망이 집권하자 벼슬에서 물러나 향리에 은거하였다. 모든 교분을 끊은 채 정원에다 오솔길 세 개를 만들어 놓은 뒤에 오직 두 사람과 어울려 노닐었다는 고사가 전해진다. 세조가 집권하자 방랑의 길을 떠난 자신을 빗댄 것이다. 자신의 은둔이 장후와 마찬가지로 불의한 세상과 단절한다고 내비쳤다. 시에서 독보적인 존재라는 자부심을 가졌다. 시를 지을 때는 종이가 떨어져야 그만두었고, 시가 다 되면 그것을 곧 불살라 버렸다는 일화도 전한다.

　또한, 남효온과 친히 지냈다. 속세를 벗어난 사람이 되어, 미친 듯이 읊조리고 방랑하면서 세상을 희롱하였다. 거리를 지나가다가 한 군데를 응시하면서 돌아가기를 잊어버리고 한참 동안 서 있기도 하였다. 문득 길을 돌아가면 아이들이 기와 조각을 던져 쫓았다. 세상 사람이 미치광이 중이라 손가락질하였다. 시정의 젊은이들과 취한 채 거리에 쓰러지기도 했다. 그러다가 달밤이면 굴원의 이소경을 외우면서 통곡하였다. 그는 고독의 늪에 잠긴 광인이었다.

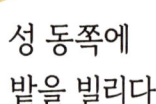

성 동쪽에
밭을 빌리다

『해동잡록』은 학문과 일화들을 중심으로 정리한 일종의 인물 사적인 문헌 설화집이다. 김시습과 관련된 일화와 시 등이 풍부하다. 그는 일찍이 처신하기가 몹시 힘드니, 인간 세상에는 살 수가 없다고 하였다. 다섯 가지 불가능한 것이 있는데, 그중 다섯째는 "깊은 골짜기에 살아 산수 좋은 것만 좋아한다. 밭 갈고 김매는 일 같은 것을 개의치 않는다. 골짜기를 나와 살길을 구하면 남들은 여전히 몹시 곤궁하다 할 것이다. 입신하기가 이러하니 이것이 다섯째 불가능한 것이다."라고 하였다.

산중에 열 가지 아름다운 모습과 풍취가 있으니, "셋째는 동산에 물주고 남새에 호미질함이다. 넷째는 몸소 밭갈이하여 나라의 녹을 대신함이다. 다섯째는 섶을 꺾고 땔나무를 줍는 일이다. 여섯째는 바구니를 들고 나물 캐기다."라고 말하였다. 몸소 농사짓는 것을 아름다운 풍취로 여긴 김시습이었다.

「서쪽 밭에 올벼를 수확함에 화답하여」란 제목 아래 '세상살이에 서툴러 성 동쪽에 몇 이랑 밭을 빌려 콩과 조를 심어 거두었다.'란 주를 달은 시를 지었다.

내원암 텃밭

내 성 동쪽에 밭을 빌려서 我乞城東畝

힘써 일해 나라의 녹 대신하려니 作力代學干

절반은 참새와 쥐가 갉아 먹으나 雖半雀鼠耗

청렴한 내 얼굴 펼 만하도다 足啓清臣顔

도연명의 시에 응하여 노래한 시다. 도연명의 시 제목은 「경술년 9월 중에 서쪽 밭에서 올벼를 거두다」이다. 도연명이 팽택의 현령을 그만두고 전원으로 돌아와 6년째 되는 해였다. 살아가기 위해 몸소 농사짓는 어려움과 은둔하며 농사짓는 즐거움을 시에 담았다. 먹을 것을 스스로 경작하는 것이 이상적인 사회생활의 방식이고 개인의 생존 방식이라는 시의 일부는 이렇다.

인생은 도道로 돌아가야 하니

입고 먹은 일 본래 시초라네

누가 이를 도모하지 않고서

절로 편안하기를 구하는가

봄이 되면 농사를 지어

수확이 그럭저럭 볼만하니

새벽에 나가 다소 힘을 쏟고

해 지면 쟁기 메고 돌아온다네

농사를 직접 짓지 않으면 짓기 어려운 시이다. 김시습의 시도 마찬가지다. 직접 일을 하였기 때문에 나올 수 있는 시이다. 그는 일하지 않고 먹는 사람을 싫어했다. 손수 밭을 일구고 씨를 뿌렸다. 일하여 먹고 살려는 의지로 평생을 살았다.

긴 보습 풀 짚신 남쪽 언덕에 걸어가니 長鑱草屩步南岡

열 이랑 벼 논에 절반이 강아지풀이라네 十畝禾田半是稂

떠돌이 생활 십 년이 고달픈 새 같아 雲水十年如倦鳥

숲 샘 편안한 곳에 마음껏 날아가리 林泉穩處任飛翔

허름한 옷을 입고 논으로 일하러 가는 김시습의 모습이 보인다. 논에는 잡풀이 무성하지만 개의치 않는다. 얽매이지 않는다. 「김을 매다」란 시다.

보리와 열반
먼 데 있지 않나니

『매월당집』에 실린 「잡저」는 수락산에 은둔했던 시절에 지은 것으로 추정된다. "불가의 도로 자비와 인애仁愛가 있으니, 고승이 국정에 참여하여도 좋겠는가?" 불교에 대하여 궁금했던 것을 나그네가 묻고, 청한자는 대답한다. 요지는 이렇다. 유교적인 관점에서 불교의 근본 교리를 긍정하되, 군주의 지나친 호불과 과도한 불사를 배격한다. 호불 군주를 비판한 것은 불교의 사회적 폐단을 염두에 두고 한 일이다. 부처를 믿으면 화를 면하고 복을 얻을 수 있다는 화복설도 비판하였다. 불교 사상의 긍정적인 요소는 강조한다. 석가의 가르침으로 백성들이 분수에 편안해져서 세상의 어지러움이 그쳤다고 주장했다. 기본적으로 「잡저」는 불교의 입장이었다.

박희병 교수는 『김시습, 불교를 말하다』돌베개, 2024에서 김시습의 『임천가화』에 대해 말한다. 현실 불교와 승려에 대한 비판적 색채가 짙지만, 심지어 그가 환속한 뒤 「이단변」이라는 일종의 사상 전향서를 발표하기까지 했음에도 끝까지 불교를 버리지 않았고 유불을 아울러 갖추었다고 주장한다. '옛날에는 현자가 있는 곳이라면 그곳이 설사 보잘것없을지라도 수행자들이 귀의해 사원을 이뤘는데, 지금의 승려는 명승지에 거주하며 세월만 허송하고 있다.', '불법을 무너뜨리는 것은 속된 선비가 아니라 승려들이다.'라고 현실의 불교를 비판하였다. 그러나 불교에 진리가 내포되어 있다는 생각을 한시도 포기한 적이 없었다고 했다. 김시습은 전 생애에 걸쳐 유교와 불교를 겸한 인물이었고, 그것은 그가 '경계인'이었기에 가능했다고 보았다.

차충환 교수는 『임천가화』에 실린 글을 인용하여 김시습의 입장을 소개한다.

> 슬프다, 불법이 쇠퇴해 수행자나 깨달음을 이루는 이가 없는 시기의 승려는 제어하기가 어렵구나. 속인에게 설법하여 재물을 얻고, 불법을 희롱하여 살기를 추구한다. 오만무도하여 큰 불법이 깊고 넓음을 모르고, 부처 마음이 크고 광대함을 깨우치지 못하여, 살아서는 어리석은 백성으로 살다가 죽어서는 곤궁한 귀신이 되니 장차 무엇을 하려 하는가! 자포자기한 자가 아닌가?(「김시습의『林泉佳話』연구」『한국한문학연구』87, 2023.)

김시습은 불교의 본질을 논하는 글과 함께 사찰, 승려의 부정한 모습이나 행태에 대한 비판을 이어갔다. 설잠이라는 법명을 가진 불교도지만 불교계의 폐단에 대해서는 가차 없는 비판을 가했다. 진영 논리에 의해 무조건적인 포용이 아니었다. 한곳에 머무르지 않는 자유로운 정신을 보여준다고 보았다.

훈구파의 중진에 속하며, 성리학자로는 드물게 여러 분야에 대한 폭넓은 관심을 가져 많은 저술을 남긴 양성지1415~1482가 김시습에게 불교의 이치를 물었다. 김시습은 「양성지가 와서 사람과 하늘의 안목을 묻다」를 짓는다.

보리와 열반의 길 먼 데 있지 않나니 菩提涅槃路非遙

참가하는 공부야 반 아침이면 되는 것을 參介工夫在半朝

한 구절 통한다면 천 구절도 통할 게요 一句透時千句透

성심聖心 사라지면 망심妄心도 사라지네 聖心消處妄心消

조사의 등불 길이 전함 다 나의 분수이니 祖燈似續皆吾分

마음으로 깨닫지 마음 밖에서 얻는 게 아닐세 心印傳持不外邀

다만 말똥말똥한 방촌方寸 되는 곳 얻는다면 但得惺惺方寸地

세 구절과 세 요점을 어찌하여 논하겠나 何論三句與三要

보리는 불교에서의 궁극적인 깨달음이다. 깨달음으로 인해서 윤회의 사슬에서 벗어나 열반에 이르게 된다. 깨달음을 성취함으로써 석가모니는 깨달은 자인 부처가 되었다. 궁극적인 깨달음은 모든 불교도의 궁극적인 이상이며, 자신의 잘못된 믿음을 없애고 욕망을 제거함으로써 얻을 수 있다. 방촌方寸은 사방 한 치의 넓이로, 마음을 말할 때 쓰인다. 깨달음이란 밖에서 구하는 것이 아닌, 마음에서 구해야 한다는 가르침을 준다.

김시습은 일연 스님의 『중편조동오위重編曹洞五位』를 후대에 전하는 역할을 맡는다. 『중편조동오위』는 일연 스님이 옛 책에 대하여 자신의 견해를 덧붙인 것이다. 선종은 수행 방법에 따라 묵조선과 간화선으로 구분된다. 묵조선은 좌선을 중심으로 한다. 당장 깨달음을 추구하기보다는 자기 마음속에 있는 자성에 모든 것을 의지하는 방식이며, 조동종 쪽의 수행법이다. 반면 간화선은 특정한 하나의 화두에 대한 강한 의심을 통해 한순간에 깨달음을 얻는 것을 목표로 하며, 임제종의 방식이다. 한국의 선종은 대부분 임제종의 영향을 받아 화두 수행을 하는 곳이 많다. 조동오위설은 조동종의 중심사상이다. 일연은 오위설에 각각 임금과 신하를 대비시켜 군신오위설로 설명하고 있다. 삼국유사가 초월적이고 기이함을 강조하여 몽골에 억눌린 한민족의 자존심을 일깨웠다면, 이 책을 통하여 군신의 단합과 국민정신의 단합 등을 강조하는 것으로 볼 수 있다.

　수락산 폭천정사에서 『십현담』을 주해하여 『십현담요해』를 지었다. 책 끝에는 "성화 을미년 도절桃節 재생패哉生覇에 청한자淸寒子 필추苾蒭 설잠이 폭천산에서 주를 쓰다."라고 적었다. 성화 을미년은 성종 6년인 1475년이다. 도절桃節 재생패哉生覇는 3월 16일이다. 청한자淸寒子는 김시습의 호이고, 필추苾蒭는 승려라는 의미다. 중국 오대의 조동종 승려였던 동안 상찰이 선의 원리를 서술한 『십현담』에 대해 김시습이 주석한 것이다.

　『십현담』이란 선의 원리를 십현+玄으로 나누어 그에 대해 게송을 붙인 것이다. 『십현담요해』를 지을 때 문익의 주를 먼저 적고, 자신의 주를 추가했다. 1475년에 쓴 김시습의 서문에 의하면, 달은 손가락에 의하지 않으면 어린아이들은 알 수가 없듯이, 선의 가르침도 글로 표현해야 한다고 주장한다. 진이塵異에서 다음과 같이 주를 달았다.

진짜 금이 풀무를 거쳐 나오면 다시는 광석이 될 수 없고, 형산의 구
슬도 원석 그대로 있으면 좋은 구슬이 되지 못한다. 성인은 비록 마
음이나 몸을 괴롭히는 노여움이나 욕망 따위의 망념 가운데 있더라
도 마치 연꽃이 물에서 나와 진흙에 더럽히지 않는 것과 같다. 비록
빛을 감추고 티끌 속에 섞여 있다 하더라도 그와 섞이질 않는다.

달본達本에서는 그의 견해를 이렇게 말한다.

얻은 것의 모든 법은 마치 허공을 더듬고 그림자를 붙잡으려는 격이
다. 도달한 고향의 집도 또한 번개를 붙잡고 바람을 잡으려는 것과
같다. 얼굴이 불그스레한 늙은 아버지에게 무엇을 가져다가 바칠 것
인가. 구름 산[雲山]과 바다 달[海月]을 공양하는 물건으로 삼아, 밑
없는 술잔으로 축수라는 잔을 바치네.

『화엄경』을 풀이한 『화엄석제』도 지어 화엄과 선을 결합한
중국과 한국불교의 전통을 이었다. 『화엄석제』를 지은 연대는
분명하지 않다. 『대화엄일승법계도주병서』를 지을 무렵에 지었
을 것이다. 『화엄석제』는 『화엄경』을 '제불의 밀장密藏'이요, '여
래의 성해性海'이고, 또한 '대승의 돈교頓敎'라고 정의 내린다. 이
후에 "일체중생의 몸과 마음의 본체"인 '법계'의 성격을 경전의
근본적인 취지, 경전의 모든 사상에 공통되는 본체, 또한 모든 법
이 의지하는 근거로서 규정하고, 다시 그러한 '일진법계'는 바로
'지금 이 자리', 즉 '당하當下'에 있음을 천여유칙의 『어록』을 인

용하여 강조하고 있다. 이렇게 '법계'를 규정한 이후에 지금 이
자리에서 현현하고 있는 '마음'을 '중생심'과 '불심' 두 가지로 나
누지만, 그 둘이 서로 철저하게 상즉相卽하고 있음을 강조하고,
또한 '마음'을 통해 체용의 문제를 이끌어 "깨닫고 나면 체와 용
은 일치"함을 논증한다. 이렇게 '마음'의 깨달음을 언급한 이후,
'깨달음'을 통해서 도달하는 경계, 즉 '불경계佛境界'를 논증하는
데, '마음'을 '중생심'과 '불심'으로 나누지만, 그 둘이 서로 철저
하게 '상즉'하고 있음을 밝혔기 때문에 '불경계' 역시 '중생경계'
와 끊임없이 '상즉'하게 됨을 밝히고, '바른 눈'을 열게 된다면
"천지가 모두 불경계"임을 밝힌다. 이후에 '법계'와 '마음', '체용'
과 그로부터 도달하는 '불경계'들은 최종적으로 그를 총섭하고
있는 '자기'로 귀결시키는데, 이러한 일목요연한 과정은 바로 화
엄과 선을 '일치'시키고자 하는 의도로 해석할 수 있다.

기억하건대 선재 동자는 남방의 53선 지식을 두루 예방하고 나서 마
지막에 보현보살이 십종원왕十種願王을 발하여 극락정토에 인도하
여 왕생하도록 하니, 그것으로 일생 공부할 일을 마쳤다고 하였다.
대단하구나, 선재여! 안목도 없이 실문하러 곳곳을 돌아다니느니 다
리에 상처만 났을 뿐 아니라 후인에게도 피해를 주었다. 오래도록 길
을 헤매었으나 어찌 내가 문과 뜰을 벗어나지 않고 두루 선지식을
예방하고, 화엄해를 여의지 않은 채 안양安養의 나라를 직접 본 것과
비교하리오! 왕생에 의지하지 않거늘 어찌 번거로이 남의 인도를 받
겠는가?

선재 동자가 곳곳의 선지식을 예방한 것이 오로지 여기 있는 자신의 진실을 벗어나지 못한다는 취지를 나타낸다. 현재 살고 있는 문과 뜰을 벗어나지 않고 선재의 노고를 모두 실현하고 극락왕생조차도 같은 방식으로 이루기 때문에 선재가 받았던 선지식의 인도도 필요 없는 것이 된다.

김시습은 1476년성종 7에 의상의 『일승법계도합시일인』의 게송 7언 30구를 따라 『대화엄일승법계도주병서』를 지었다. 이것은 신라의 의상과 고려의 지눌이 화엄과 선을 연결한 사상사의 맥을 이은 것이다. 김시습은 『대화엄일승법계도주병서』에서 의상이 끝이 없는 가르침을 원만하게 포섭하여 어리석고 어두운 이들을 깨우치기 위해 『법계도』를 제작했다고 하였다. 그러나 경을 전문으로 하는 학자들이 각기 가르침의 그물만을 가지고 억측하여 해석하고 되풀이하며 펼치면 그 본의가 상실되었기 때문에 의상의 210자에 대한 중요한 뜻을 구명하는 것이 『법계도』의 주석 동기임을 밝히고 있다.

일체법一切法은 본래 성품이 없는 것이요, 일체성一切性은 본래 머무름이 없는 것이다. 머무름이 없으면 체體가 없으며, 체가 없으므로 연緣을 따라서 걸림이 없다. 연을 따라서 걸림이 없기에 자성을 지키지 않고 시방과 삼세를 이루는 것이다. 자성自性이라 한 것은, 모든 법은 상相이 없어서 본래부터 청정한 체體인 것이니, 이것을 아는가 모르는가? 지난해의 매화 올해의 버들은, 얼굴빛이 아름답고 향기롭기가 모두 예전과 같구나.

김시습은 자성自性에 대해 일체법은 본래 무성無性이며 일체성은 본래 무주無住라고 하였다. 또한 여기서 그는 아무리 말로 풀어서 해설한다고 해도 말로 다할 수 없는 무언가가 남아 있어서, 추상적인 설명을 넘어선 구상적 표현을 다시 덧붙이고 있다. 철학적이며 추상적인 개념을 구상적인 글귀로 표현하는, 선종에서 특히 애용한 방식을 받아들인 것이다. 그 결과 주석으로 의미를 한정하는 데 그치지 않고 다시 개방시키기에 이르렀다.

수락산에 거처할 때 김시습은 낙산사 선상인에게 시를 3수 지어 주었다. 1475년 무렵에 20대 승려 민상인과 동료들에게 불법을 가르쳤다. 「민대사가 여러 친구와 함께 와서 도를 묻다」를 본다.

그대는 보라, 청정한 도는 君看淸淨道

티끌에 물들여지지 않는 것을 不爲塵所染

분노와 욕심, 오직 그 때문에 只緣忿欲生

모든 물질에 끝내 가려지네 竟爲諸相掩

옛 성인들 그래서 경계하기를 所以先聖戒

분노를 징계하고 욕심을 막으라고 懲忿又窒欲

이게 바로 빠른 길 가는 곳 此是徑庭處

군자야 모름지기 혼자를 삼갈 일 君子須謹獨

정욕이 한 번 잠시라도 싹튼다면 情欲一乍萌

여기에 그 몸 얽매여 갇히는 신세 되리 爲他所桎梏

천축국의 옛 선생이 天竺古先生

설산에서 머리 깎은 건 斷髮雪山嶺

오직 이 중생을 위함이니   只爲諸衆生

온 정신 모아 반성 않기에   汨沒不自省

구장九章 화려한 옷 벗어 던지고   卽脫九章衣

부지런히 여섯 해 고요함 닦았네   勤修六載靜

성聲과 색色의 즐거움 싫어서   厭彼聲色娛

이무기와 구렁이 그 자리 사랑했네   愛此龍蟒境

담박한 마음 부디 보전하여   願保淡泊心

하루아침에 깨달음 얻길 기약하라   期取一朝惺

이제야 알리, 사람 건지는 배는   始知濟人船

원래 그것이 거룻배인 것을!   元來是舴艋

징분질욕懲忿窒慾은 분노를 참고 사욕을 억제하는 것이다. 근
독謹獨은 아무도 없는 곳에 홀로 있어도 몸과 마음에 어그러짐이
없도록 더욱 삼가는 것으로 심학의 요체 중의 하나다. 근독이 이
루어져야 심신을 지킬 수 있으며, 정대·관평해서 떳떳할 수 있
다. 대학에서 독獨이란 남이 알지 못하는 곳으로 방만해지기 쉬
운 자리를 말한다는 구절이 있다. 설산雪山은 서역에 있는 산이
다. 석가여래는 설산에서 수도하였다. 구장九章은 태자가 입는 의
복이다. 산, 용 따위의 아홉 가지 수를 놓았다. 석가여래는 태자
로서 구장의 화려한 옷을 버리고 설산에서 6년을 고행하였다. 담
박淡泊은 욕심이 없고 마음이 깨끗한 상태를 말한다. 책맹舴艋은
거룻배다.

내원암 미륵불

시문으로 이름나길
삼십 년

김시습은 3세가 되었으나 어눌하여 말을 잘 못하였다. 외조부가 글귀를 뽑아 가르치기를, "꽃이 난간 앞에서 웃으나 소리는 들리지 않는다[花笑檻前聲未聽]"라고 하니, 병풍에 그린 꽃을 가리키며 빙그레 웃었다. 또 가르치기를, "새가 수풀에서 우나 눈물은 보기 어렵다[鳥啼林下淚難看]"라고 하니, 병풍에 그린 새를 가리키며 빙그레 웃었다. 말은 못 하였지만 뜻은 통하였다.

또 이런 일화가 전해진다. 유모가 맷돌에 보리 가는 것을 보고 읊기를, "비는 안 오는데 우렛소리는 어디서 울리는고[無雨雷聲何處動], 누런 구름이 조각조각 사방으로 흩어지네[黃雲片片四方分]"라고 하니 사람들이 신기하게 여겼다.

이것뿐만이 아니었다. 할아버지에게 묻기를, "시는 어떻게 짓습니까?"라고 하니, 할아버지가, "일곱 글자를 이어 놓은 것을 시라고 한다."라고 대답하였다. 그러자 김시습은 할아버지에게 일곱 자를 엮을 테니 첫 글자를 불러 보라고 하였다. 할아버지가 봄 춘春 자를 불렀다. 바로 응하기를, "봄비가 새 휘장 밖으로 내리니 기운이 열리도다[春雨新幕氣運開]"라고 하여 사람들을 탄복시켰다.

김시습 일화의 압권은 5세에 세종 앞에 나아가 시를 지은 것이다. 『해동잡록』에 수록된 이야기다.

5세에 능히 시를 지었다. 세종이 그 말을 듣고 승정원으로 불러, 지신사 박이창에게 명하여 임금의 뜻을 전하고 사실인지 아닌지 묻게 했다. 무릎 위에 놓고 이름을 불러 말하기를,

"네가 능히 시구를 지을 수 있느냐?"

하니, 곧 응하기를,

"올 때 포대기에 싸인 김시습[來時襁褓金時習]"

하였다. 또 벽 위의 산수화를 가리키면서,

"네가 또 짓겠느냐?"

하니 곧,

"작은 정자와 배 안에는 누가 있는고[小亭舟宅何人在]"

하였다. 그가 지은 시와 글이 적지 않았다. 곧 대궐로 들어가 아뢰니 명령 내리기를,

"성장하여 학문이 이루어지기를 기다려 장차 크게 기용하리라."

하며, 크게 칭찬하고 비단 30필을 주고 제가 가지고 가라고 하였다. 드디어 그 끝을 이어 끌고 나가므로 사람들이 또한 기특하게 여겼다.

어려서부터 시재가 번뜩인 김시습은 어른이 되어서도 여전하였다. 남효온과 더불어 속세를 벗어난 사람이 되어, 미친 듯이 읊조리고 방랑하면서 세상을 희롱하였다. 남효온이 「동봉께 드리다」란 시를 지었다.

시문으로 이름나길 삼십 년이건만   文名三十載

한양에 발걸음 들여놓지 않다가   足不履京師

바위 앞에 폭포를 얻어두니 水落前巖得

뜨락 나무 봄 맞아 아름답네 春來庭樹宜

선사는 부처를 좋아하지 않으시고 禪師不喜佛

제자는 모두 시 짓기를 잘한다오 弟子摠能詩

한스러운 것은 내 몸 매인 신세 自恨身纏縛

스승 찾아갈 뜻 이루지 못하네 尋師意未施

『금오신화』란 소설을 써서 조선 문단에 충격을 주었지만 어디까지나 주요한 장르는 시였다. 같은 생육신인 남효온은 김시습에 대해 "30년간 글 잘 한다는 문명을 떨쳤노라."고 칭송한다. 글을 잘 한다는 것은 시를 잘 짓는다는 다른 표현이다. 남에게 잘보이기 위함은 아니었다. 서울에 출입하지 않았다는 것은 관직을 구하기 위해 노력하지 않았다는 것이다. 수락산에 살면서도 권세가에게 아부하지 않았다. 그가 거처하던 곳은 수락산 폭포 근처 폭천정사였다. 폭천정사에 거주할 때 남효온이 시를 부쳤다.

현실과의 불화는 계속 이어졌다. 겉으론 여유롭고 현실을 초월한 듯 보였다. 내면의 갈등은 곧잘 울분으로 표현됐다. 평정심을 유지하려고 하지만 마음 깊은 곳에서 솟구치는 분노와 그 끝에 느끼는 수심은 김시습의 독특한 시 정신을 구성하였다. 「가을생각」을 보자.

우물에 오동잎 떨어지고 매미 우는데 井梧搖落早蟬鳴

저녁 하늘 눈에 가득 가을빛 띠네 滿眼秋光拂晚晴

더위 가니 대자리 찬 게 싫은데 暑散已嫌筠簟冷

바람 불자 베옷이 헐렁하네 風來渾覺葛衣輕

빈 뜰에 떨어진 잎 이리저리 뒹굴고 庭空墜葉飄還起

넓은 하늘엔 뜬구름 없어졌다 생기네 天闊浮雲滅又生

맑은 시름 씻어 없애지 못하니 一段淸愁消不得

마루 밑 귀뚜라미 소릴 어이 견디랴 那堪床下語蛩聲

오동잎이 떨어지는 가을이다. 가을에 매미가 운다. 아마 오늘이 마지막 울음이 될 것이다. 그러고 보니 나의 신세가 매미와 같지 않은가. 나의 시간은 오지도 않았지만, 어느새 가버리고 말았다. 이 한, 이 시름을 언제 어디서 해소할 것인가. 야속한 귀뚜라미는 마루 밑에서 울기 시작한다. 나의 시대가 갔다는 것을 알리는 소리다. 차마 들을 수 없다.

김시습이 시름하던 시기에 관료 문인들은 국가를 경영하면서 희망을 시에 담았다. 김시습은 그럴 수 없었다. 자아의 현실에 대한 우울한 응시를 시속에 담아냈다. 현실을 우울하게 응시하여 고통과 슬픔을 담아내는 독특한 시를 지을 수밖에 없었다.

충신은
두 임금을 섬기지 않는다

중국 전국시대에 제나라가 이웃 연나라에 패했다. 항복하라
는 연나라의 권유를 물리치고 자살한 왕촉은 유명한 말을 남긴
다. "충신은 두 임금을 섬기지 않고, 열녀는 두 남편을 바꾸지 않
는다[忠臣不事二君 烈女不更二夫]." 동아시아 지식인뿐만 아니라 일
반 백성에게까지 알려지면서 금과옥조로 여기게 되었다.

김시습은 왕촉을 기리기 위해 「제왕촉찬」을 짓는다. 어떤 사
람이나 사건에 대해 예찬하고 칭송하는 글이 찬이다. 대개 4언 운
문을 쓰며 보통 송찬류라고 한다. 송頌은 글자 그대로 '성스러운
덕을 칭송한다'는 뜻이 담겼다. 주로 종묘의 시로서 귀신을 흠향
하게 하는 것이다. 성스러운 덕을 칭송하고, 공을 칭찬하여 자손
들에게는 효성을 일깨워 주고, 신하들에게는 공경하는 마음을 갖
게 한다. 찬贊은 '좋은 점을 찬양한다'는 뜻이 담겼다. '찬'은 '송'
과 마찬가지로 신에게 고하는 제사를 지내며, 덕을 기리는 데 사
용하는 글이다. '송'보다는 간결하면서도 적실한 표현을 한다.

연나라 군사가 제나라를 격파하였는데, 들으니 획 땅에 현인이 있어
이름을 왕촉王蠋이라 하며, 그 뜻이 곧고 굳다 하였다.
악의樂毅가 이름을 듣고 고을을 둘러싸 사람을 시켜 그를 맞이하려니,

왕촉이 거절하고 가지 않았다. 악의가 몰살한다고 위협하자

왕촉이 사람을 시켜 말을 전하길, 부디 나를 청하지 마오.

충신은 절조를 지켜 한 임금을 섬기되 변치를 않고,

열녀는 절개를 지켜 두 사내에 아니 간다오.

임금께서 간하는 말 아니 듣기에 물러가 밭을 갈며 스스로 즐겼더니,

이제는 나라도 망했는데, 내가 있다고 무엇을 꾀하겠오.

더구나 군사로 협박하려 한다니 죽는 것만 못하오.

나뭇가지에 목을 매달아 목숨을 끊어 운명하였다.

오늘까지 유적이 남아 있어 듣는 이들이 아! 하며 슬퍼하니,

두 구절의 경계한 말씀 현인과 어리석은 이 전해 가며 읊조리네.

중흥사에서 공부하다가 책을 불사르고 홀연히 떠난 것은 왜일까. 왕위 찬탈이 신하의 도리가 아니라는 확고한 믿음이 있었기 때문일 것이다. 현실 세계에서는 어떤 일이든 일어날 수 있다고 하더라도, 그것을 용납할 수 없었다. 불의와 타협하지 않는 고지식함이다.

굴원을 기리는 찬을 지은 것도 당연한 결과다. 초나라 회왕은 굴원의 높은 학식과 문학적 재능에 반했다. 빠른 출세와 두터운 신임은 다른 대신들의 시기와 실투를 사기에 충분했다. 모함이 시작되었고 왕으로부터 멀어졌다. 굴원은 울적한 심경을 『이소』를 통해 표현했다. 진나라의 초청을 받은 회왕에게 진나라로 들어가지 말 것을 강력하게 권했다. 회왕은 어린 막내아들의 말만 듣고 진나라에 따라 들어갔다가 억류되어 그곳에서 죽었다. 뒤이어 회왕의 맏아들인 경양왕이 즉위했으나 나라의 상황은 여전했

고, 굴원은 모함으로 인해 강남으로 유배당했다. 훗날 초나라가 진나라에게 공격당해 수도를 잃는 등 수난을 당하자 무력함을 견디지 못해 멱라강에서 자살했다. 굴원은 「이소」라는 장편시를 통해 분노와 실망, 그리고 나라를 걱정하는 마음을 나타냈다. 김시습은 굴원을 추모하는 「초굴원찬」을 짓는다.

> 슬프다 굴원이여, 뜻이 매우 곧고 진실하여,
>
> 종묘사직이 위태로워지려 하자 망하는 꼴 차마 볼 수 없어,
>
> 드디어 돌을 안고 물고기 뱃속에 스스로 장사 지내고 말았네.
>
> 저 멱라수 바라보니, 출렁이는 물결 마음 아파라.
>
> 천추만세 내려가도록 충신의 넋을 누가 찾으리.
>
> 한나라 가의賈誼 있어 그곳에 가서 조문하여 애달프게 말하길,
>
> 상서롭지 못한 세상 만남이여, 정직한 것 버려두고 굽은 것만 들어 쓰네.
>
> 이소경 자세히 읽어 보면 속마음 출렁이네.
>
> 세대는 비록 멀다지만 말소리는 듣는 듯하여
>
> 못 견디겠네. 사기를 읽노라면 그만 슬퍼서 멍해 버린다네.

글의 전편을 꿰뚫는 것은 충忠이다. 나라를 위한 붉은 충심은 결국 그를 멱라강에서 자살하게 했다. 그가 남긴 『이소경』을 읽을 때마다 가슴은 출렁이고, 슬픔이 사로잡는다. 『해동잡록』에 산에 들어가 달이 밝으면 매양 밤중에 홀로 앉아 『이소경』을 외우고는 통곡하고 돌아왔다는 기사가 그냥 나온 게 아니다. 김시습은 굴원의 행적에서 자신을 보았는지 모른다.

황정경 내외편을
자세히 보리라

남효온1454~1492의 5대조는 개국공신으로 영의정을 지낸 남재이고, 외증조부 역시 영의정을 지낸 이원이다. 가문이 좋은 그가 단종 생모의 복위를 건의하는 상소를 하고, 세조에게 참살당한 사육신의 전기를 썼으니 범상치 않다. 사관의 기록을 보자.

남효온은 젊어서부터 글을 읽어 큰 뜻이 있었다. 성종조에 글을 올려 일을 말했다가 꺼리는 바에 저촉되어 옥에 갇혀 국문을 당하기도 했다. 그러자 뜻을 세상에 행할 수 없음을 알고 마침내 방일하여 얽매이지 않아 시속과 더불어 오르내리지 않았다. 노자와 장자의 고매한 의론을 본받아 혜강·완적의 방달한 행동을 하였다. 세태에 격분하여 여기저기 떠돌아다니며 이단이 되어 죽음에 이르도록 깨닫지 못했으니, 진실로 우리 도의 죄인이라 하겠다.

절의 있는 방외인으로 그려진 그는 후세에 생육신으로 추앙받았다. 남효온은 김시습과 자주 어울렸다. 열아홉의 나이 차이는 문제가 되지 않았다. 남효온이 김시습에게 시를 지어 전한다. "도경道經은 이제 모두 베끼셨는지요, 대낮에 영지는 잘 자라는지요." 도경은 『황정내경경』을 말한다. 도경을 빌려줬는데 어찌 돌

러주지 않느냐고 묻는다. 한 달로 약속한 것이 마침내 해가 바뀌었는데도 되돌려주지 않았기 때문이다. 김시습이 화답을 한다. 여러 편 중에 한 편이다.

세상 사람 어찌나 사리에 어두운지 世人何貿貿

비둘기가 대붕을 비웃듯 하는구려 斥鷃笑南爲

행업을 만약 먼저 갈고닦는다면 行業如先勵

공명은 저절로 기약함이 있으리라 功名自有期

양춘이 화창하여 땅 기운 떠오르고 陽和浮土脈

햇볕이 따뜻하여 봄물이 불어나오 日暖泛春澌

영주에 오름은 지척으로 가까우니 咫尺登瀛近

나에게 의지하여 영지일랑 찾지 마소 憑余莫討芝

시를 짓고 추신을 달았다.

선생이 최근에 두보의 시를 읽었는지라, 시편에 두보의 버릇이 있습니다. 내가 『황정내경경』을 보관하여 돌려주지 않은 것은, 오랫동안 빌려 보고 돌려보내지 않아 선생을 기다리게 하려는 것이 아닙니다. 선생이 지난해에 물건을 보내며 함께 보낸 편지가 상자 속에 뚜렷이 남아 있으니, 내가 어찌 잊었겠습니까. 해가 바뀌고 달이 바뀌었다고 우레처럼 책망하시니, 마주 앉을 때를 기다려 껄껄 한번 웃어 봅시다.

두보의 버릇은 좋은 시를 지으려는 버릇이다. 두보의 시 중에 "나의 버릇이 아름다운 시구를 몹시 좋아하여, 시어가 사람을 놀라게 하지 않으면 죽어도 그만두지 않노라."라고 하였다. 추신을 보면 남효온이 읽던 황정경을 김시습이 빌려 읽었음을 알 수 있다.

『황정내경경』은 황정경이라고도 한다. 중국 위·진 시대의 도가들이 양생과 수련의 원리를 가르치고 기술하는 데 사용했던 도교 관계 서적이다. 황정은 인간의 뇌·심장·비장 등을 말한다. 양생과 수련의 요지는 명예와 이익을 탐내는 마음이 없는 담박한 상태와 무욕, 허무자연에 이르는 데 있다. 또한 거기에 이르는 방법은 욕심을 단절시키고 호흡을 조절하며 침을 삼키고 신성을 길러, '황정'에 응집시키는 것이다.

김시습은 춘천 청평사 세향원에 은거할 때 산의 이곳저곳을 거닐었다. 발길은 선동까지 미쳤다. 해탈문을 지나면 두 계곡이 만난다. 그곳에서 화살표를 따라 계곡으로 접어들면 가느다란 폭포가 반긴다. 폭포 오른쪽 석벽에 '청평선동淸平仙洞'이라 새겨진 글씨는 이곳이 선동임을 알려준다. 계곡을 따라 올라가면 계곡 오른쪽 높은 바위 위에 식암이 있다. 여기서 이자현이 은거하였다. 김시습은 「식암연야」를 남긴다.

절이 구름 낀 푸른 절벽에 있으니 寺在煙霞翠壁間
벼랑을 뚫어내어 구름 가에 지었네 懸崖開鑿架雲端
바람은 소나무에 불다 경쇠 흔들고 風磨松檜搖淸磬
달은 그물과 작은 난간 비추누구나 月映罘罳壓小欄

시비를 한다 해도 어디 쓸 것이며   是是非非將底用
부지런히 애쓴들 무슨 꼴이 되랴   營營碌碌竟何顏
선동仙洞 소나무 창 아래 앉아서   不如仙洞松窓下
황정경 내외편을 자세히 보리라   兩卷黃庭仔細看

  김시습에 대해서는 종래 유교와 불교, 그리고 문학 방면으로
연구되었다. 도교 쪽으로는 관심이 덜한 상태다. 시에 등장하는
『황정경』은 그가 도교에 관심을 가졌음을 보여준다. 시 속에 사
용된 수많은 도교적인 언어들도 도교와의 친연성을 알려준다. 한
국 도교사에서 그를 주목하는 이유는 고려 중엽 이후부터 조선
초기까지의 공백기를 깨고 선도의 맥을 다시 이어, 후학들에게
계승시켜 단학파의 발흥을 가져오게 했다는 사실에 있다.

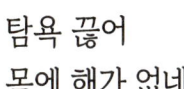

탐욕 끊어
몸에 해가 없네

금류폭포를 옆에 두고 가파른 계단을 하나씩 올라간다. 거의 계단이 끝날 무렵 바위에 '금류동金流洞'이라 새긴 글씨가 보인다. 내원암이 지척에 있는 이 골짜기를 예전부터 금류동이라 불렀다. 계단을 다 오르니 폭포가 시작되는 정상이다. 정상 부근은 널찍하다. 아늑한 분지를 이뤘다. 내원암이 가운데에 자리 잡고, 쉼터는 입구에서 땀 흘린 탐방객을 맞는다.

쉼터 건너편 너럭바위에 금류동천金流洞天이 새겨졌다. 동천이란 신선이 사는 공간이다. 하늘로 통하는 별천지라는 뜻이기도 하다. 김시습은 수락산에 도교 공간인 금류동천을 조성하였다. 동천을 만든 후 수도를 하며 십여 년을 거주하였다. 동천 주변에는 거북바위, 월암, 천제단 등 흔적이 남아 있다.

꿈이 좌절된 김시습은 내면의 혁명을 추구하는 수련으로 방향을 바꾸게 된다. 『해동전도록』에 의하면 실헌에게시 도를 배웠다. 「둥굴레 먹는 법을 배우다」라는 시의 일부이다.

서쪽 암자에 한 노인이 있어　西菴有一老

내게 장생의 도를 말하였네　話我長生道

둥굴레 먹는 법을 가르쳐 주니 敎我服黃精

벽곡으로 식사를 대신한다네 僻粒可爲粮

다만 오래 살 뿐만 아니라 非唯能久視

탐욕 끊어 몸에 해가 없다네 絶貪身無累

마지막 두 구절은 노인이 김시습에게 당부한 말이다. 수양대
군에 대한 분노, 단종 복위에 대한 열망은 세상 밖 사람이 된 김시
습에게 부질없는 일일 뿐이다. 그가 해야 할 의미 있는 일이란 세
상 밖의 일, 즉 수련하여 신선의 경지에 도달하는 것이다.

「신선궁에서 놀며 유별제에게 주다」에서 '두 권의 황정경은
자부紫府의 보물[兩卷黃庭紫府珍]'이라고 말한다. 자부는 신선이 거
처하는 곳이다. 김시습은 단약을 달이고 도가 경전을 익혔다. 남
효온은 김시습의 거처를 신선의 집이라 여겼다. 「동봉이 무현금
을 구하기에 조그만 종을 그려서 하인을 시켜 보내고 겸하여 절
구 두 수를 부치다」를 살펴본다.

약 화로와 경전 펼쳐진 신선의 집에는 藥罏經卷羽人家

산삼잎 푸르디푸르고 두구화 피리라 蔘葉靑靑豆蔲花

경전 읽고선 한가로이 술잔 기울일 터 經罷小鍾閒事在

솔 술 다 마시거든 밝은 노을 드시구려 松肪酌盡酌明霞

무현금은 줄이 없는 거문고이다. 진나라 도연명은 음률을 알
지 못하면서도 무현금을 곁에 두고 흥취가 일 때마다 어루만지며

금류동천

뜻을 부쳤다고 한다. 우인羽人은 신선의 도를 터득한 사람이다. 몸에 깃털이 돋아나 우화등선羽化登仙한다는 뜻에서 보통 신선을 가리킨다. 여기서는 김시습을 비유한 말이다. 두구豆蔲는 다년생 풀에 속하는 식물인데, 초여름에 꽃을 피우며 열매는 향미가 있고 약용으로도 쓸 수 있다. 김시습은 「도사에게 주다」에서 "몇 해 동안 나 역시 계산에서 약 달였네[年來我亦煮溪山]"라고 하였다. 그는 주술적 도교에 대해서는 비판적이지만, 양생술에 대해서는 깊은 관심을 가졌다. 체질이 병약했던 것도 작용했을 것이다.

　김시습의 수련 행적 및 도교사상은 『매월당시집』에서 「선도」와 「잡저」에 주로 담겨 있다. 「잡저」 중에서도 「수진」·「복기」·「용호」 편에 그의 사상이 들어있다. 「수진」에서 '신선이란 본성을 기르고 기를 들이마시며 용호를 단련하여 늙음을 물리치는 것이다.'라고 정의하여 그의 도교가 내단학을 지향하고 있음을 보여준다. 여기에서의 용호란 몸에서 불과 물 두 가지 기운을 가리킨다. 『주역참동계』는 위백양이 지었다. 불로장생을 위한 연단술로써 내단과 외단을 모두 말한 서적이다. 연단술에는 단약을 제조하고 복용함으로써 수명을 연장하는 외단술과, 심신의 수련을 통해 불로장생을 추구하는 내단술로 구분된다. 김시습은 금단을 수행하면서 『참동계』를 연구함으로써 수련 도교의 맥을 형성하였다. 양생법을 시험했지만 탐닉하지 않았다. 노자는 생명에 지나치게 집착해서는 안 되며[以其生生], 생명을 더하는 것을 재앙[益生曰祥]으로 보았다. 삶에 집착함이 없는 것이 삶을 귀하게 여기는 것보다 현명하다[無以生爲者 是賢於貴生]는 노자의 입장과 궤를 같이 한다. 죽은 지 3년 후에도 그의 안색이 변하지 않았다는 신비한 후일담은 그가 죽는 순간에 신선이 되었음을 암시한다.

　한국 도교에서 그의 공적은 고려 중엽 이후 조선 초기까지의 공백기를 깨고 선도의 맥을 다시 이었을 뿐만 아니라, 그것을 후학들에게 계승시켜 단학파의 홍성을 가져오게 했다는 사실에 있다. 1610년광해군 2에 한무외가 지었다는 『해동전도록』은 수련적 계보를 제시한다. 자혜 등에서 시작된 한국의 도맥이 권청과 원나라 사람 설현을 거쳐 김시습으로 이어졌고, 김시습이 홍유손에게 「천둔검법연마결」을, 정희량에게 「옥함기내단법」을, 윤군평에게 「참동용호비지」 등을 각기 전수하였다고 보고 있다.

시와
술에 미친 사람

"중용을 행하는 사람과 같이 할 수 없다면, 미친 사람과 함께 하겠다. 미친 사람은 진취적이다[不得中行而與之 必也狂狷乎 狂者進取]."라는 말이 있다. 미친 사람과 함께 하겠다는 것이다. '중도를 행하는 사람과 같이 할 수 없다면'이란 단서가 있기는 하다. 『논어』에서 왜 미친 사람과 함께 하겠다는 것일까. 미친 사람은 진전을 이룬다는 게 이유이다.

맹자는 미친 사람[狂者]에 대해서 부연 설명을 한다. "뜻이 커서 큰 소리로 말하기를 '옛사람이여, 옛사람이여!' 하되, 행실은 말을 따라가지 못한다." 미친 사람은 지향하는 바가 원대하여, 말 끝마다 옛사람의 가르침을 들어 이상을 토로한다. 그러나 실제 행동은 그것에 부합하지 못하는 경우가 있다는 말이다. 미친 사람을 뜻이 크고 원대하나 행동으로 실천하지는 못하는 사람으로 본 것이다.

공자가 미친 사람에게서 보고자 한 것은 무엇일까? 꿈을 이루고자 하는 열정이 아닐까. 진취적이어야 큰 것을 능히 할 수 있다. 미친놈 취급을 받던 사람들이 역사를 주도하거나, 창조성을 발휘한 예는 많다. 천재는 미치광이라는 말도 있지 않은가.

김시습은 1477년에 이파에게 시를 15수나 보낸다. 어릴 적 스승이던 이계전의 아들로 당시에 평양 부윤으로 있었다. 「기수의 운에 화운하다」란 제목의 첫째 시는 다음과 같다.

쓸쓸한 초가집에 가을 흥취가 기니　寥落精廬秋興長

미친 방옹放翁처럼 때로 시를 읊네　朗吟時作放翁狂

산성의 소나기 쇠잔한 더위 거두고　山城驟雨收殘暑

나무에 간간이 우는 매미 늦 서늘함에 울도다　風樹疏蟬咽晚凉

대자리에 추위 늙은 몸을 놀라게 하고　湘簟嫩寒驚老骨

혜천惠泉의 찬물로 마른 창자를 씻나니　惠泉甘冽浣枯腸

근년 되어 비로소 세월의 변함을 깨닫고　年來陡覺星霜變

연단하는 위백양魏伯陽을 배우노라　學取燒丹魏伯陽

방옹광放翁狂이란 시어가 눈에 들어온다. 미친 방옹처럼 때로 시를 읊조린다고 했다. 방옹은 누구인가. 방옹은 우국충정을 노래한 애국 시인으로 유명한 육유다. 2만여 수에 달하는 방대한 작품을 남겼다. 북송과 남송의 교체기에 태어난 그는, 남송이 금에게 굴욕적인 화친 정책을 통해 겨우 명맥을 유지해 가던 시기에, 금에 대한 항전과 잃은 영토의 회복을 주장하였다. 불굴의 기상과 강인한 투쟁 의식을 우국시를 통해 끊임없이 표현하였다. 이상에 대한 좌절감으로 인한 울분과 비탄의 정서가 두드러진 시를 많이 지었다. 김시습의 시 세계와 비슷한 점이 많았다.

또 다른 인물이 등장한다. 위백양은 어려서부터 도술을 좋아하여 뒷날 산에 들어가 금단을 만들었다. 주역과 음양오행설을 연결한 『주역참동계』를 지었다. 참동계라는 말은 주역과 같은 원리이며 뜻이 통하고 대의가 합한다는 것이다. 연단법은 목숨을 연명하기 위해서 천지의 법칙에 따라 단을 제련한다. 위백양은 한국 도교에 많은 영향을 끼쳤다. 김시습과 도교의 관련성을 알 수 있는 대목이다.

15수의 시중에 광狂 자가 들어간 시어로 '시와 술에 미친 사람[詩酒狂]'이 먼저 보인다. 김시습은 시와 술과 평생 벗하였다. 하지장의 광기를 배운 사람[賀監狂]도 보인다. 하지장은 비서감이란 벼슬을 제수받았으나 늘그막에 다 버렸다. 성격이 호방하고 자유분방하며, 술을 좋아했다. 만년에는 더욱 방종했다. 김시습과 닮은 면이 보인다. 소릉에 미친 사람[少陵狂]에서 소릉은 두보이다. 시성으로 알려진 그는 이백에 필적할 만한 시인이었다. 시인으로 흠모했다는 것을 알 수 있다. 접여의 광기와 같은 사람[接輿狂]도 보인다. 공자가 주유천하할 때 접여가 말한다. "세상을 바꿔보겠다고 이러고 다니는데 헛일"이라고. 공자가 타고 있던 수레에서 내려 접여와 이야기를 나눠보려 하였으나 사라져 버려서 대화하지 못했다. 접여는 초나라의 광인이었다. 원래 이름은 육통인데 당시 사람들이 접여라는 별명으로 불렀다. 수레를 타고 지나가면 그 수레 옆에 붙어서 시비를 걸거나 집적거리는 행태를 보였기 때문이다. 세상사에 대하여 비판적인 언사를 일삼는 김시습의 모습과 겹친다.

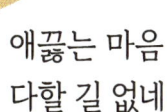

애끓는 마음
다할 길 없네

「양보음梁父吟」은 제나라에서 부르던 노래다. 양보는 태산 아래에 있는 작은 산 이름인데, 사람이 죽으면 이 산에 매장하였기 때문에 만가로 부르기도 한다. 춘추 시대 제나라 재상 안영은 공손첩, 진개강, 고야자 세 명의 장수가 힘을 합하면 나라가 위험해질 것을 염려하여 계책을 썼다. 두 개의 복숭아를 세 장수 중에서 공이 많은 두 사람이 갖게 했다. 먼저 일어나서 자기의 공을 자랑한 두 장수가 복숭아를 차지했다. 가장 공을 많이 세웠다고 믿고 있는 진개강이 억울함을 참지 못하여 칼을 빼어 스스로 목을 치자, 나머지 두 장수도 따라서 자결하였다. 복숭아 두 개를 가지고 서로 다투게 하여 끝내 모두 자살하게 했다.

제갈량은 몸소 농사를 지으면서 「양보음」 읊기를 좋아했다. 제갈량은 「양보음」을 매일 새벽과 저녁이면 무릎을 감싸안은 채 길게 불렀다. 제갈량이 「양보음」을 즐겨 부른 이유는 무엇인가. 안영은 중국 역사상 훌륭한 재상으로 공자가 칭찬을 한 사람이다. 그는 경공을 보좌하여 춘추 시대에 제환공의 영광을 제나라에 되살렸다. 그때 경공의 총애를 받던 세 장수를 처리했다. 제갈량은 안영의 계책에 대하여 찬탄을 한 것 같다.

김시습도 「양보음」에 화답하여 자기의 뜻을 비쳤다.

탕음蕩陰에 옛 무덤 있는데 蕩陰有古墳

쑥대 하늘까지 닿게 자랐네 蓬蒿連天長

세 무덤 어찌 잇닿아 있어 三塚何纍纍

보는 사람 맘 상하게 하나 觀者爲心傷

공 헤아려 누구 상 안 주겠다고 計功孰不賞

어찌 이 미친 일에 이르렀나 何至斯猖狂

예부터 모략의 글이 自古貝錦文

충성과 현량 속이기에 넉넉했네 足以欺忠良

수레서 내린 마음 무슨 뜻이며 解驂是何心

복숭아 내려 줌은 무슨 계책인가 餽桃緣何方

누가 말하던가 안영의 교제는 孰云平仲交

문교文敎를 아직 못 잊는다고 文敎猶不忘

세 사람 장자방과 같았다면 三子似子房

오래 살고 건강하였으리라 庶可壽且康

안영도 와룡과 같이 했으면 晏嬰如臥龍

그들과 함께 나가 도울 것인데 彙征同贊襄

어찌하여 용납해 쓰지 못하고 奈何不能容

천추에 슬픔 만들었는가 千秋成慨慷

내 양보음을 노래하면서 我歌梁父吟

애끊는 마음 다할 길 없네 未闋哀中腸

김시습은 「양보음」을 다른 시각으로 이해하였다. 세 장수의 입장에 섰다. 충성하는 신하가 모함을 받았다고 본 것이다. 결국

자신들의 뜻을 펴지 못하고 죽음에 이른 이에 대한 안타까움이
다. 안영에 대한 원망도 보인다. 제갈공명이 관우와 장비를 아우
른 것처럼 세 장수를 포용하지 못함을 안타까워했다. 세 장수의
죽음을 보며 자신의 처지를 생각했다.

술에 취해
숲속으로 자취 감췄네

공자는 술을 무척 즐겼다. 『논어』의 「향당」에 이런 문장이 나온다. "술을 마실 때는 일정한 양이 없었는데 어지러운 지경에 이르지 않았다[唯酒無量不及亂]." 『소학』은 이렇게 주석을 단다. 술은 사람을 화합하고 기쁘게 하는 것이다. 그러므로 양을 정하지 않았고, 다만 취하는 것을 절제하고 어지러움에 이르도록 하지 않았을 뿐이다.

『논어』의 「자한」에 불위주곤不爲酒困이라는 구절도 있다. '술 때문에 곤란을 겪지 않는다.'라는 의미로 해석할 수 있다. 이는 술을 절제하고 조심하여 술로 인한 문제나 곤란한 상황에 빠지지 않는다는 뜻이다. 술을 지나치게 마셔서 생기는 문제를 예방하라는 의미다.

김시습도 술에 대해서는 관대했다. 남효온이 금주를 다짐하였을 때 편지를 보내 충고하였다. 「추강에 보내는 답장」을 요약하면 이렇다.

옛적부터 세상이 쇠하여 어지러워지는 것에 마음 상하여 이를 잊고자 술을 찾는 사람들이 있었다. 술로 즐겁기도 하고 우울함을 씻을 수도 있었다. 술이 사람을 살리는 음식임을 잊어서는 아니 된다. 더구나 술은 조상을 모시는 제사에 올리고, 노인을 모실 때 병을 다스

리는 데 필요하니 없을 수 없다. 술의 마땅한 이치를 잊고 마시니 주
사가 있게 되고 스스로 비천해지는 것이다. 오로지 술을 그만둔다고
만 하면 중용을 생각하는 군자가 할 수 있는 일은 아니다.

그러면서 논어의 이야기를 인용하며 다음과 같이 말한다.

지금 선생이 예의를 버리고 임금과 어버이를 버리고 종족을 멀리하
여 사람이 없는 곳에 혼자 사신다면 괜찮겠지요. 만일 예약과 문물
이 있는 이 세상에 살면서 효도하고 공손하라는 선왕의 격언을 읽었
을 것인데, 성급하게 한 잔 술도 안 마시겠다는 것이요?

율곡 이이의「김시습전」에 이런 내용이 보인다. "가득 쌓인 불
평과 원통하고 슬픔이 용솟음치는 것을 풀어낼 길이 없어서, 유
형무형의 말할 수 있는 것이면 모두 문장으로 나타냈다." 김시습
의 특징을 잘 표현하는 글이다. 시인으로서의 김시습 모습이 보인
다. 시로써 불평과 울분을 다 풀어낼 수 있을까. 시로도 해소할 수
없을 때는 술을 찾았다. 술을 망우물忘憂物이라고도 하지 않는가.
　술과 관련된 일화는 끝이 없다.『연려실기술』에는 신숙주와의
일화가 실려있다.

신숙주는 김시습이 서울에 들어왔다는 말을 듣고 숙소 주인과 짜
고 실컷 마시게 했다. 김시습이 술에 곯아떨어지자, 신숙주는 가
마에 태워 자기 집으로 데리고 갔다. 김시습은 얼마 뒤 술에서 깨

어나 자신이 신숙주 집에 누워 있는 것을 알았다. 그가 일어나 가려 하자 신숙주는 손을 잡고 "어째서 말 한마디도 없는가?"라고 물었다. 그는 입을 꾹 다물고 옷자락을 뿌리치고 가버렸다.

『대동야승』에는 다음과 같은 일화가 전한다.

하루는 술을 마시고 지나가다가 영의정 정창손을 보고, "네 놈도 그만 쉬어라."라고 외치니, 정창손이 들은 척도 아니하며 지나갔다. 사람들은 이런 것을 위태롭게 여겼으며 교유하던 자들도 모두 절교하며 왕래하지 아니하였다. 홀로 정신병자들과 같이 재미있게 놀고 때로는 술에 취하여 길가에서 거꾸러지는가 하면, 늘 헛웃음을 지었다.

술에 대한 시도 많다. 도연명의 「음주시에 답한 시」를 20수나 지었다. 그중 다섯 번째 시다.

세상 사람들 생업에 얽매어 世人愛生業

구구히 집과 땅 차지하지만 區區占田宅

나는 한잔 술에 취해 我醉一杯酒

숲속으로 자취 감췄네 林泉知晦跡

가만히 생각하니 천지간에 靜思天地間

사람살이 백 년이 채 못 되네 人生不滿百

검은 머리 기뻐하다가 方喜綠雲鬢

홀연 서리 내린 백발 탄식하겠지 忽歎霜華白

내 멋대로 사는 일 뜻에 맞으니　放曠須適意

하루하루 애석할 것 무에 있으랴　此日足可惜

　세상이 싫어져 자연에 은둔하겠다는 표현은 흔히 찾아볼 수 있다. 도연명과 귀거래歸去來는 속세와 자연이라는 대립 구도의 한 전형으로 인식되었다. "선비가 세상과 어그러지면 물러나 스스로 즐기는 것이 분수에 맞는 일이거늘, 어찌하여 남들의 비웃음을 사면서 억지로 머물겠는가."라고 양양 부사 유자한에게 보낸 글도 같은 맥락에서 이해할 수 있다. 그런데 세상과 맞지 않아 속세를 떠나 은거한다는 고백에는 단순히 보아 넘길 수 없는 부분이 있다. 그는 행동으로 옮겼다.

　벼슬을 하라고 권하는 이가 많았다. 뜻을 굽히지 않고 마음 내키는 대로 살아가기를 예전대로 하였다. 달밤을 만나면『이소경』을 외우고, 외우고 나서는 반드시 통곡하였다. 어떤 때에는 송사하는 곳에 들어가서 승소하고 판결문이 나오면 크게 웃고는 찢어버렸다. 장바닥 아이들과 어울려 거리를 쏘다니다 술에 취하여 길가에 드러눕기가 일쑤였다.

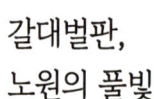

갈대벌판,
노원의 풀빛

수락산 폭천정사에서 생활하다가 친구를 만나러 길을 나섰다. 도중에 빼어난 경치를 보니 시심이 인다. 빼어난 경치를 볼 때마다 노래해서, 모두 여덟 수가 되었다. 일명 팔경시이다. 오리봉 가는 길의 꽃[鴨峯路花], 노원의 풀빛[蘆原草色], 금계에 뛰노는 물고기[金溪魚躍], 선돌의 보리 물결[立石麥浪], 고암의 미끄러운 진흙[鼓巖泥滑], 제단에 우거진 풀[祭壇綠蕪], 왕심의 연기 나는 동네[枉心煙墟], 보제원에서 이별주[普濟餞飮]가 그것이다.

오리봉 가는 길의 꽃[鴨峯路花]은 김시습이 수락산 오리봉[鴨峯]에서의 감회를 읊은 것이다. 오리봉은 한장석의 「수락산유람기」에도 보인다.

다음 날 아침에 칠성각에 올랐다. 칠성각은 사찰 오른쪽으로 비스듬하게 수십 보 떨어져 있고 승려 한 사람이 지킨다. 바람에 스치는 풍경과 대나무 대롱으로 받는 샘물이 답하여 메아리치고, 용암龍巖과 오리봉[鴨峰]이 의젓하게 서로 손을 맞잡고 인사하였다. 맑고 심원하면서도 고요함은 더욱 인간 세상에 비할 수 없을 듯했다.

「오리봉 가는 길의 꽃」을 보자.

봄 산 적막한데 고요 깨는 새소리 春山寂寂春鳥啼

대지팡이 짚신으로 산속 길을 거니네 竹杖芒鞋遊山蹊

많은 꽃 우거진 숲속에 피어있고 萬點燕脂綴芳叢

풀풀 날리는 꽃잎 찬 개울에 흘르네 數點紅雨流寒溪

두견새 첩첩 산골에서 슬피 울며 謝豹哀鳴亂山疊

수벌은 늘어진 가지서 바쁘네 雄蜂狂唼繁枝低

맑게 읊조리다 꽃그늘 흔들리는 줄 모르고 朗吟不覺攪花影

꽃향기 두루 퍼져 가는 길 못 찾겠네 香霧霏霏行徑迷

적적하기만 한 폭천정사에서 대나무 지팡이와 짚신을 신고 서울로 향한다. 먼 길을 떠나는지라 단단히 채비를 차렸다. 봄날이라 꽃이 만발했다. 마치 비 오듯 붉은 꽃잎이 떨어진다. 홍우紅雨라는 표현이 적절하다. 사표謝豹는 두견새의 별칭이다. 예전에 어느 사람이 사씨의 집에서 머물렀다. 그 집 딸이 그를 좋아했는데, 두견이 우는 소리를 듣고 마음이 움직여 떠나가니 딸은 매우 한스럽게 여겼다. 그 뒤로는 두견의 소리를 들으면 표범이 우는 소리처럼 들려서 마음이 떨렸다 한다. 그래서 '사표'라 하였다. 어느새 기분이 풀렸다. 봄날 속에서 슬섭게 시를 읊조린다. 향기가 온산에 퍼져서 서울 가는 길을 찾지 못할 정도이다. 친구를 만나러 가는 길에 마음은 한껏 들떴다.

수락산 정상에서 노원구로 향하다 '매월정'에 올랐다. 서울이 한눈에 보이는 정자다. 부근에 '수락산과 김시습'이란 안내판이 보인다. 한시가 여러 편 소개되어 있다. 「노원의 풀빛[蘆原草色]」

이 그 가운데 보인다. 과거의 노원구는 갈대벌판으로 유명했다.

긴 언덕 가는 풀 어찌 그리 삼삼한가 長堤細草何毵毵

수북한 곳 바람 일면 향기도 그윽하여라 萋萋風際香馣馣

강엄江淹이 이별하던 개포 빛 더욱 푸르고 江淹別浦色愈碧

이태백의 한강 구비漢曲 생각 어이 견디리 李白漢曲思何堪

풀 무성한 언덕 위엔 송아지 누워 있고 蒙茸壟上沒黃犢

검푸른 다리 가엔 푸른 아지랑이 끼어 있네 蔥蒨橋邊含翠嵐

왕손王孫의 많은 한 불현듯 솟아 惹得王孫多少恨

옅은 안개 가랑비에 강남이 그립다 淡煙疏雨懷江南

강엄江淹은 남조 양나라의 문인이다. 그의 작품인 「별부別賦」
첫머리에 "암담하게 사람의 혼을 녹여 내는 것은 바로 이별하는
일이라고 하겠네."라는 말이 나온다.

매월정

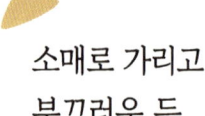

소매로 가리고
부끄러운 듯

1582년 4월 1일, 선조는 이이에게 김시습의 전을 지어 올리도록 명한다. 『조선왕조실록』의 기사다. 그해 7월 15일에 글을 지어 올린다. 일부분이다.

성종 12년인 1481년에 김시습의 나이 47세였다. 갑자기 머리를 기르고 글을 지어 그의 할아버지와 아버지의 제사를 지냈다. 글의 대략은, "순임금이 오륜을 베푸심에 부자유친이 으뜸이요, 죄가 삼천 가지나 되더라도 불효가 가장 큽니다. 하늘과 땅 사이에 살면서 양육하신 은혜를 저버리겠습니까. 어리석은 소자는 조상의 뒤를 이어 나가야 하는데, 이단에 빠졌다가 마지막에 와서 비로소 깨달았습니다. 예전禮典을 상고하고, 성경聖經을 뒤져서 돌아가신 조상의 제사에 정성을 다하는 큰 의례를 강구하여 정하고, 청빈의 생활을 참작하여 간결하면서 정결하게 해서 정성을 다합니다." (중략) 드디어 안씨의 딸에게 장가들어 가정을 이루었다.

김시습은 모친상을 마치고 결혼했다. 윤춘년의 「매월당선생전」에 의하면 훈련원 도정으로 있던 남효례의 딸을 아내로 맞이한 것은 18세 때였다. 이제 다시 머리를 기르고 제사도 지내는 일상

선비의 모습으로 돌아왔다. 지난날 부모와 조상의 제사를 저버린 행동을 깊이 뉘우치고 유가의 예법대로 제사를 받들기로 결심했다. 47세에 새 아내를 맞이했다. 아들을 두어 대를 이을 결심이 선 것이다. 하지만 결혼생활은 오래가지 않았다. 얼마 안 되어 아내가 죽었기 때문이다. 그는 다시 산으로 돌아가서 중의 모습을 하였다.

그의 작품 중에 부녀자를 읊은 시가 보인다. 「누에 치는 부인」은 일반 백성의 모습일 수도 있고, 아내일 수도 있겠다.

집 머리에 비낀 해가 꽃가지에 비치는데　屋頭斜日映花枝

색색하는 물레로 눈 같은 실을 켜내네　戞戞輝車耗雪絲

고운 화장에 찡그린 눈썹 무슨 일 때문인가　粧嫩低眉緣底事

고치 나누어 공 바칠 때를 오직 근심함일세　只愁分繭効功時

오로지 부녀자 신변의 자잘한 일을 소재로 삼아서 짓는 시체를 향렴체라 한다. 염체라고도 하는데, 이러한 시체는 육조의 궁체에서 유래하였다. 엄우는 『창랑시화』에서 "향렴체는 한악의 시가 모두 여인의 치마나 지분에 관한 것인데, 『향렴집』이란 시집이 있어서 생긴 명칭이다."라고 하였다.

사회에 대해 비판적이고 거침없이 말을 함부로 하였지만 미인에 대한 시도 지었다.

소매로 가리고 부끄러운 듯 새벽 화장하는데　袖掩嬌羞爬曉粧

부용을 바람이 흔들어 고달파도 향기롭네　芙蓉風撼倦猶香

이제부터 연지와 분 짙은 것 바르지 말라 從今莫更濃脂粉

발라 뭉개면 옥 같은 뺨 상할까 염려되네 塗抹多嫌玉頰傷

'추한 꽃을 읊다'란 주제에 대해서 「오목눈」을 이렇게 읊었
다. "쏙 들어간 눈에 파인 눈자위, 그보다 밉상은 발끈 성낼 때.
넘치는 흰자위 생기다 만 눈동자, 뒤통수라도 뚫어야 약간 보일
듯" 비판적인 시도 능숙했지만, 미인의 시도 능란하게 지었다.

도봉산의
뾰족한 산봉우리

박세당1629~1703은 도봉산 맞은편 수락산 자락에 살았다. 안마당에서 도봉산이 보이는 곳이다. 주변 산의 형세를 이렇게 표현했다.

삼각산과 도봉산은 도성 근교의 우뚝한 산으로 수락산과 더불어 솥발처럼 높이 솟았다. 사방의 여러 산이 옷깃을 여미고 빙 둘러 향하고 있으니, 크고 작은 산들이 모인 형상이 마치 아들 손자들이 모여있는 것과 같다. 우뚝 솟은 형세로는 삼각산과 도봉산이 우열을 다투지만, 깊고 그윽하며 기이함으로는 수락산 동봉이 으뜸이다.

우뚝한 형세는 도봉산, 그윽한 풍취는 수락산이라고 보았다. 그는 40세에 관직에서 물러나 30여 년간 수락산 자락에 은거하며 농사와 후학양성에 힘썼다. 김시습에 대한 존경과 흠모는 대단하였다. 여러 사람의 도움으로 김시습의 영정을 모시는 청절사가 완성되었다.

존경해 마지않는 김시습이 의정부에서 한양으로 들어오다 왼쪽의 수락산을 보고 「수락산의 저녁노을」을 짓는다. 또 오른쪽을 보고 「도봉산의 뾰족한 산봉우리」를 읊었다.

산의 형세는 우뚝 솟으나 칼날의 서슬 같고 峯勢嵯牙如劍鋩

마른 등나무 늙은 잣나무 풍상을 업신여기네 瘦藤老柏凌風霜

기와 깃발 아득히 우거진 절들이 늘어서 있고 幡幢杳藹列梵刹

천둥번개 번쩍 빛나며 짙고 푸르니 상쾌하네 雷電閃爍摩靑蒼

맑고 깊이 서리 맞은 단풍 사람 눈을 괴롭혀도 湛湛霜楓惱客眼

바위 낙숫물 끝없이 내리니 사람 마음을 씻네 霏霏巖溜漱人腸

끝없이 바라보는 중에 이마의 눈썹이 추우니 望中不盡眉宇寒

하늘 높고 나뭇잎 떨어지니 기러기 돌아가네 木落天高回雁行

뾰족뾰족 솟은 봉우리는 선인봉, 자운봉, 만장봉, 신선대 등으로 이루어졌다. 거대한 화강암으로 이루어진 암벽은 하늘을 찌를 듯하다. 봉우리들 사이로 맑고 깨끗한 계곡이 형성되어 산과 물의 아름다운 조화를 빚어낸다.

박세당은 만장봉을 천주봉이라 바꾸고 시를 짓는다. 그의 변은 이렇다.

도봉산이 땅에서 치솟아 하늘에 닿을 듯 삐죽삐죽한 봉우리가 우뚝하다. 조화옹이 유독 여기에만 솜씨를 부렸다. 고인들이 이 산은 바로 신선이 살고 있어서 봉래산의 으뜸이 되기 때문에 도봉이라고 명명하였다고 하였다. 또 용이 날고 봉황이 춤추는 등 상서로움과 신령함을 기르고 모아 무강한 기틀을 공고히 하는 것은 중국의 천목산과 비교해 보면 현격히 차이가 난다. 그런데도 산의 봉우리들은 거의 이름이 없으니 매우 괴이하게 여길 만하다. 그 가운데 가장 높은

도봉산

봉우리 하나를 근래에 이르러서야 곧 '만장萬丈'이라 명명하였는데 속됨을 면치 못하였으므로 내가 매우 한스럽게 여겼다. 지금 '천주天柱'라고 명명하고자 하니, 그 형상을 본뜬 것이다.

네 수의 시 중 하나를 보자.

옛적에 이 봉우리의 이름을 만장이라 하였는데 舊云萬丈是峯名

새 이름을 지어 다시 실정에 걸맞게 하려 한다 要與新名更稱情

도리어 하늘에 기둥 없어도 되게 하였으니 却遣天無柱亦得

그 어느 것이 이 봉우리와 높음을 다투겠는가 擎高誰與此峯爭

김시습과 박세당이 모두 뾰족한 산봉우리를 주목한 도봉산이었다.

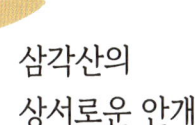

삼각산의
상서로운 안개

1455년에 김시습은 세조가 임금이 되었다는 소식 듣자, 머리를 깎고 스스로 설잠雪岑이라 했다. 그길로 방랑길에 나섰다. 김화 사곡촌에서 박계손 등과 함께 생활하였다. 1458년에 승려 차림으로 관서 지방을 유람하였다. 1459년에 금강산을 여행하였다. 장안사와 마하연을 구경하고 연천 보개산에 들렀다. 한탄강을 건너 소요산으로 향했다. 한양으로 접어들어 여러 산을 보며 시를 지었다. 내금강 시가 앞에 있고,「도봉첨수道峯尖岫」,「삼각상연三角祥煙」,「수락잔조水落殘照」가 실렸다. 원주를 거쳐 오대산과 강릉을 유람하며 지은 시와 함께『유관동록』에 수록되었다. 25세 때 지은 것이다.

세 봉우리 높이 솟아 우리나라를 돕고　三峯高聳祐吾邦
상서로운 안개 꼭대기 덮고 휘장 드리우네　祥煙覆頂垂如幢
늘어선 사찰 서로 기대며 찬란한 빛 비치고　列刹相望映金碧
푸른 물방울 짙게 스치며 추녀 창에 떠다니네　滴翠濃抹浮軒窓
큰 산에 신이 내려와 거듭 많이 살아나서　惟嶽降神生甫申
푸르게 덮어 드리운 모습 두터운 원기 임하네　彼蒼垂象臨鴻厖
용왕께서 헤아리시어 우리를 천만년 보호하사　護我龍圖千萬世
울창하고 좋은 기운 깃대처럼 하늘 찌르길　鬱蔥佳氣衝天杠

김시습이 머물던 중흥사로 향했다. 정릉분소에서 출발하여
북한산성 보국문을 지나니 내리막길이다. 김시습은 중흥사에서
글을 읽을 때 이 길을 걸었을까. 행궁터를 지나니 복원된 중흥사
가 보인다. 입구의 높은 축대는 예전의 절의 규모를 짐작하게 한
다. 대웅전 뒤의 오래된 석축도 절의 역사를 보여준다. 경내에서
뚫린 곳은 남쪽 하늘이다. 1455년에 남쪽 하늘 아래 한양 땅에서
피비린내 나는 권력의 암투가 자행되었다.

걸음을 태고사로 옮겼다. 보우가 1341년 삼각산 중흥사의 주
지로 있으면서 개인의 수도처로 창건한 후 동암이라 하였다. 절
뒤편 원증국사탑에 이르니 삼각산이 조금 보인다. 중흥사에서 보
이지 않던 삼각산이 모습을 드러낸다. 김시습은 과거 공부를 하
다가 이곳까지 산책하였을 것이다. 그때마다 삼각산을 바라보고
시를 지었으리라.

훗날 이익1681~1763은 「시를 흘려보내는 탄식」을 짓는다. 먼
저 시를 짓게 된 배경을 설명한다.

매월당 김시습은 중흥사에 가장 오랫동안 기거하였다. 매번 비가 온 뒤
에 산의 계곡물이 불어나면 작은 종이를 백여 장 잘라 만들었다. 붓과
벼루를 갖추어 뒤따르게 하고는 시냇물을 따라 내려가다가 여울이 급
하게 흐르는 곳에 골라 앉았다. 생각에 잠겨 시를 지었는데 절구나 율
시, 오언 고풍을 종이에 써서 물에 흘려보냈다. 종이가 멀리 흘러가는
것을 보며 또 쓰고 또 흘려보내기를 늦은 저녁까지 하여 종이가 다 떨
어져서야 돌아왔다. 어떤 때는 하루에 지은 것이 수백 편에 달하였다.

북한산

울분을 치유했던 것은 시 짓기였다.

그는 기나긴 유랑 끝에 56세에 다시 삼각산을 찾았다. 성종 21년에 중흥사에 머물던 중 김일손·남효온의 방문을 받고, 함께 삼각산 백운대와 도봉산을 유람하였다.

수락산의
저녁노을

금강산을 유람하고 한양으로 향했다. 한탄강을 건너 소요산 입구 행궁터에서 시를 짓고 소요사로 들어갔다. 절에서 나와 서쪽을 보니 우뚝한 산이 보인다. 적성현과 양주군 경계에 있는 감악산이다. 한양으로 접어들면서 여러 산을 보며 시를 지었다. 도봉산과 삼각산을 읊었다. 수락산을 노래한 「수락잔조水落殘照」가 연이어 문집에 수록되었다. 『유관동록』에 수록된 것을 보아 「수락잔조」는 김시습이 20대에 지은 시다.

한 점 두 점 노을은 밖으로 멀어지고 一點二點落霞外
서너 마리 외로운 따오기는 돌아가네 三介四介孤鶩歸
봉우리 높아 덤으로 보니 반은 그림자인데 峯高剩見半山影
물 줄어 드러나니 여울 돌이끼 푸르네 水落欲露靑苔磯
가는 기러기는 낮게 맴돌아 건너지 못하고 去雁低回不能度
찬 까마귀 깃들이다 외려 놀라 난다네 寒鴉欲棲還驚飛
하늘 끝 눈길이 다해 어찌나 한스러운지 天涯極目意何限
붉게 물든 그림자는 맑게 빛나 흔들리네 斂紅倒景搖晴暉

노을 속으로 돌아가는 따오기는 외롭게 보인다. 혼자가 아닌

동료들과 가는 것이지만 외롭다고 본 것이다. 김시습의 심리 상태다. 따오기만이 아니다. 기러기는 산을 넘어 날아가야 하지만 높아서 가지 못한다. 까마귀는 둥지에 머물다 놀라 다시 하늘로 날아간다. 모두 평안하지 못한 상태다. 한양으로 접어들면서 마음의 평정 상태가 깨진 것이다. 천하의 대의는 사라진 지 오래다. 불의가 횡행하는 세상에 다시 돌아온 것이다. 그러한 현실을 바라보는 김시습의 심정은 고통스러울 뿐이다.

앞일은 예상할 수 없다. 십여 년이 훌쩍 지난 뒤에 성종이 왕위에 오르자 1471년에 서울로 올라와 이듬해 수락산 동봉에 폭천정사를 짓고 10여 년을 살았다. 동봉東峯이란 호도 수락산 봉우리에서 취했다. 남용익의 「간폭정기」에 수락산 옥류동에 있는 간폭정 위 5리쯤에 김시습이 살던 터가 있다고 기록되어 있는데, 수락산 내원암으로 추정된다.

홍직필1776~1852은 「수락산유람기」에서 이렇게 말한다.

동문 서쪽에 산봉우리 하나가 웅장하게 우뚝 솟아 있어 그 형세가 마치 조회하는 듯하다. 바로 수락산 만장봉이다. 신령스럽고 깨끗한 기운이 모여 감아 돌고 성대하게 서려 있어서 천지 사이에 쌓였다. 이는 다른 산이 얻지 못한 것으로서, 마치 이 구역에만 전적으로 속한 듯하다. 이제 이것들이 나의 책상에 나열되어서 삼라만상을 지극하니, 사람에 비유하면 우뚝하고 기이하여 만물의 밖에 홀로 선 자일 것이다. (중략) 아! 김시습은 사람 중의 만장봉이요, 만장봉은 산 중의 김시습이다. 기운과 절개가 서로 나란하니, 마땅히 천지와 함께

수락산

영원할 것이다. 아름다움은 스스로 드러날 수가 없어서 사람을 통해
드러나니, 만약 이 구역이 이 어른을 만나지 못했다면, 바로 높고 큰
산과 깊은 물이 텅 빈 산의 풀과 나무 가운데 묻혔을 것이다.

홍직필의 눈엔 수락산이 김시습과 겹쳐 보인다. 우뚝한 모습,
기운과 절개도 흡사 김시습 같다. 김시습 이후 수락산은 김시습
의 산이 되었다.

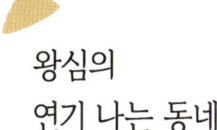

왕심의
연기 나는 동네

왕십리는 도성에서 나오면 곧장 나오는 곳이다. 이곳에서 중랑천을 건너면 서울의 농경 지대였던 뚝섬이 나온다. 뚝섬을 지나면 광나루를 통해 한강을 건너 충주·원주·영남 방면으로 가는 교통로가 이어진다. 왕십리는 다양하게 표기했다.

세종 24년인 1442년 12월 19일 실록 기록이다. "강도 세 사람이 왕심역往心驛 노상에서 길 가는 사람을 쳐서 상해를 입히고 재물을 모두 빼앗으니, 의금부·형조·한성부에 명하여 불의에 쳐서 잡게 하였다." 왕심往心으로 표기되었음을 볼 수 있다.

이항복1556~1618은 「왕심리往心里에서 도성을 바라보면서 느낌이 있어 읊다」란 시를 짓는다. 정경세1563~1633는 도성을 나와 왕심촌往心村에 우거하였다는 기록이 보인다. 왕십리를 왕심촌이라 불렀다.

실학자인 유수원1694~1755은 「한민閑民에 대하여 논의함」이란 글에서 왕십리를 언급하였다.

서울 왕십리往十里의 채한菜漢: 채소만을 전문적으로 키워 파는 사람처럼 이들은 촌판村販에서만 팔 뿐 아니라 읍시邑市에도 나가 판다. 시골 사람이라도 사 먹는 사람이 많은 것은 그들이 채소 가꾸기에 게을러서가 아니라, 대개 각자의 본업에 전념하여 다른 일에 힘쓸 여가가 없기 때문이다.

조선 후기에는 왕십리往十里라 하였다. 이렇듯 조선 시대에는 왕십리 일대에 성 밖 시전이 발달하였고, 상인을 비롯한 중인 계층이 많이 살았다.

김시습은 「왕심역枉心驛」이란 시를 짓는다.

텅 빈 객사는 동쪽의 교외에 가깝고 空館近東郊

봄바람 버드나무 가지 끝을 스치네 春風拂柳梢

흐린 안개가 뽕나무 산뽕나무 숨기고 煙迷桑柘暗

길 멀리에는 강물과 구름이 인접하네 路遠水雲交

누런 얼굴빛에 마을과 다리는 저물고 草色村橋晚

닭 울음소리 나는 띳집 여관 촌스럽구나 鷄聲野店茅

다섯 봉우리를 오늘에야 떠나고 五峯今日去

사찰의 소나무 학의 둥지에 함께 하리라 松寺鶴同巢

26세이던 1460년 관동 여행을 떠나면서 지은 시이다. 이후로 용진나루, 용문산, 신륵사, 원주 동화사, 치악산 등에 대한 시가 수록되었다. 왕십리에 역참이 있었고 뽕나무가 많았다. 마지막 두 구의 "다섯 봉우리를 오늘에야 떠나고, 사찰의 소나무 학의 둥지에 함께 하리라."는 한양을 떠난 그의 마음이 액면 그대로 드러난 것으로 보인다.

「왕심의 연기 나는 동네[枉心煙墟]」는 봄을 맞이하여 서울의 친구를 만나러 가다가 도중에 빼어난 경치를 보고 시심이 일어 노래한 것이다.

다닥다닥 붙어 있는 곳에 파란 연기 나고 依依墟里靑煙生

산뽕나무 아래로 닭과 개가 울어대는구나 桑柘陰陰鷄犬鳴

십 리 보리밭 이랑이 모두가 파랗고 十里麥疇一樣綠

몇 집에서, 두세 번 울리는 고치 켜는 소리 幾家繰車三兩聲

배꽃 떨어지는 곳에 흰 술 익는 향기 梨花落處白酒香

용나무 그늘 속에 들이는 꾀꼬리 울음 榕葉蔭中黃鸝鳴

늙은 부인 성안에서 채소 팔고 돌아오니 老婦城裏賣菜還

아이들은 기뻐 맞으며 사립문으로 달려간다 兒童喜迓跳柴荊

뽕나무밭과 보리밭이 많았고, 인가는 드물었다. 성안에서 채소를 팔고 돌아오는 노부老婦에 대한 언급으로 보아, 당시에도 도성에 채소를 공급하는 밭이 많았던 듯하다. 이 시는 26세 때 강원도 지역을 유람하며 지은 시를 모은 『유관동록』에 수록되어 있다. 수락산 시절 한양에 놀러 갔다가 지은 시로 보기도 한다.

스물 네살의 김시습,

관서 지방을 유람하기 위해

길을 나서다

물안개
언제나 나룻배 배웅하네

1458년, 24세의 김시습은 관서 지방을 유람하기 위해 길을 나섰다. 시도 때도 없이 치밀어오르는 분노를 억제할 수 없었다. '호탕한 유람'이라고 여행의 성격을 규정했지만 쉽지 않은 여행이었다. 관서 지방을 유람하며 지은 시 150여 수를 모아 『유관서록』을 묶었다. 후기에 유람을 떠난 동기를 솔직하게 밝혔다.

내가 어려서부터 명리를 좋아하지 않아 생업을 돌아보지 않았다. 청빈하게 뜻을 지키려는 마음이었기에 평소 산수에서 방랑하면서 좋은 경치를 만나면 시를 읊고자 했다. 하루는 갑자기 개탄스러운 일을 당하였다. 남자가 이 세상에 태어나 도를 행할 수 있는 상황이라면 제 한 몸을 깨끗이 한다면서 인륜을 어지럽힘이 부끄럽지만, 도를 행할 수 없을진대 홀로 자기 자신만을 착하게 수양함이 옳다고 여겼다. 속세의 바깥을 떠다니면서 북송 때의 도사 진단과 당나라 때의 도사 손사막의 풍모를 사모하여, 그들처럼 도사의 행각으로 살아갈까 하였으나 우리나라에는 아직 그러한 풍속이 없어 머뭇머뭇하였다. 그러다 어느 날 저녁에 옷을 물들이고 승려가 된다면 소원을 풀 수 있으리라고 문득 깨달았다.

   평소의 본성, 느닷없는 정치 상황, 속세를 떠나겠다는 결심 등
청년 김시습의 고민과 갈등을 잘 보여준다. 한양을 떠난 그는 임
진강 하류 낙하에 이르렀다. 파주에서 개성으로 가기 위해서는
낙하나루[洛河渡]에서 배를 타야 했다. 현재 파주시 탄현면 낙하
리다. 임진강은 여기서 10㎞쯤 내려가 한강과 합류하여 강화를
거쳐 서해로 빠져나간다. 합류 이후부터는 조강이다.

   강물은 도도하게 바다 서쪽으로 흘러가고 滔滔流向海門西
   바람 불어 파도 일자 버들은 둑을 치네 風起波渾拍柳堤
   조그만 조각배야 너 매일 곳 어디인가 借問斷蓬何處繫
   백사장가 풀들은 무성만 하구나 白沙汀畔草萋萋
   노 젓는 뱃사공 한쪽 어깨 높은데 打槳舟子半肩高
   버드나무 갯가에는 상앗대 잠겨있네 楊柳磯邊水半篙
   남북으로 오가는 사람들 끊이지 않는데 南去北來人不盡
   물안개 언제나 나룻배 배웅하네 煙波長送一輕舠

   물결에 시선을 보내다가 자기 처지를 돌아본다. 끊어진 조각
배와 같은 신세다. 모래밭의 무성한 풀과 대비된다. 배에서 타고
내리는 사람들은 무슨 일로 분주히 오가는가. 물안개 속에서 무
심히 배를 띄운다.
   낙하나루는 임진나루와 함께 파주 임진강의 주요 포구였다.
조선시대 장단을 거쳐 개성으로 가는 길목 구실을 했다.『신증동
국여지승람』은 낙하나루에 대해 덕진 하류에서 교하로 통하는

길로, 고려 때 큰길로서 도승지를 두었다고 기록한다.

　　상류로 올라가면 황희1363~1452의 유적이 있다. 1449년세종 31 64년의 공직 생활을 벗어던진 그는 개성의 송악산이 아득히 눈에 들어오는 곳에 정자를 짓고 갈매기를 친구 삼아 시를 지으며 여생을 보냈다. 정자는 '반구정'이다. 갈매기를 벗하며 지내겠다는 소망을 담은 이름이다. 반구정은 낙하진과 붙어 있으므로 '낙하정'이라고 했다가 반구정이라 고쳤다.

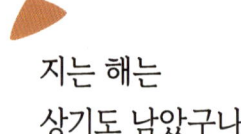

지는 해는
상기도 남았구나

　임진강은 곳곳에 아름다운 풍경과 이야기를 품고 흐른다. 허목은 횡산리의 승경을 「횡산기」에 기록한다. 연천 북쪽 강가에 있는 아름다운 마을 횡산은 소나무 숲과 모래가 위아래로 널려 있다. 남쪽 언덕은 모두 층암절벽이다. 산에는 숲이 우거졌으며 앞에는 나루터다. 강 가운데 돌이 많아 배가 돌을 스치며 지나간다. 물살이 세서 자칫 실수하면 배가 돌에 걸려 건너갈 수가 없을 정도다. 서쪽으로 절벽인 장경대가 보인다. 동남쪽은 석저협구이며, 절벽 위에 도영암이 있다. 가사를 입고 검은 두건을 쓰고 염주를 굴리며 불경을 외는 모습이 물에 비친다. 도끼를 들고 나무하는 농부, 동이를 들고 물 긷는 아낙네, 쌀 씻고 빨래하는 이들의 그림자가 모두 깊은 못에 비친다. 내려다보면 마치 거울을 보는 것 같다. 아래 여울은 망저탄이고, 그 아래 여울은 장군탄이다.

　횡산리 아래 삼곶리의 풍경도 허목의 「안개 낀 강에 배를 띄우고 낚시한 일에 대한 글」에 자세하게 묘사되었다. 웅연주인이 허목을 초대하여 이르니 주인이 조각배를 타고 기다리고 있다. 강 주변은 온통 무성한 숲과 바위 벼랑이다. 녹색 빛깔을 띤 강물은 물감을 풀어 놓은 것만 같다. 배를 끌고 여울로 거슬러 올라갔다. 산은 깊고 모래는 희며 물은 세차게 콸콸 흐른다. 물가에 사람은 없고 흰 새만 물고기를 엿보고 있다. 배가 가까이 다가가도 날아가지 않는다. 이곳은 겸재 정선의 그림 속에서 다시 살아난다.

하류로 좀 더 내려가면 징파나루다. 징파나루는 연천현에서 서쪽으로 15리 떨어진 지점이다. 서쪽 기슭 위아래 벼랑이 기이하며, 동쪽 기슭은 모두 흰 모래다. 간간이 흰 자갈이 있고 이따금 고목이 있다고 허목은 기록한다.

임진강과 한탄강이 만나는 곳에서 하류로 내려가면 임진나루다. 『동국여지지』는 '파주목'을 설명하는 글에서 임진나루를 이렇게 적었다.

주 북쪽 17리에 있다. 바로 단수를 건너는 나루로, 송도와 한양 두 경성의 큰길은 임진나루를 경유한다. 도승 한 명이 있다.

『신증동국여지승람』은 장단도호부에서 더 장황하게 설명한다.

부의 남쪽 37리에 있다. 근원은 함경도 안변 속현 영풍방장동에서 나와 이전·안협·식녕을 거쳐 연천현 서쪽에 이르러 징파나루가 되다. 마전군 남쪽에 이르러 대탄과 합쳐지며, 적성현 북쪽에 이르러서는 이진이 된다. 부의 동쪽에 이르러서는 두기진이 된다. 임진현 동쪽에 이르러서 임진나루가 되고, 동남쪽으로 덕진이 된다. 교하현 북쪽에 이르러 낙하나루가 되고, 봉황암을 지나 오도성에 이르러서 한수와 모인다.

김시습은 관서 지방 유람을 끝내고 개성을 떠나 금강산으로 향하였다. 첫걸음은 임진강을 건너는 일이었다. 25세가 되던 1459년 봄에 「임진나루를 건너며」를 남긴다.

물가엔 향기 나는 풀 시들었다 피는데 汀洲芳草正萋萋

오리는 봄물에 떠 유유히 꽉꽉 대네 鳧泛春波自在啼

노 젓는 소리 부드러워도 놀래 날아가니 柔櫓一聲驚起去

지는 해는 서쪽 바다 쪽 상기도 남았구나 夕陽猶在海門西

저녁 무렵에 임진강을 건너는 중이다. 금강산 유람으로 약간 들뜬 상태다. 물에서 노니는 오리의 울음소리도 정겹다. 앞으로 어떤 일이 일어날 것인가.

임진강을 건너자 「임진나루 언덕 정자에 올라」를 흥얼거린다.

버드나무 언덕 작은 정자에 柳岸江亭小

오르니 맑은 흥 가득하구나 登臨淸興多

물결은 제 절로 철썩이고 波聲自濺濺

사람 그림자는 너울거리네 人影正婆娑

바윗가 물고기 마름을 흔들고 磯淺魚吹荇

물가 기러기 모래에서 장난치네 汀遙雁弄沙

이 저녁 어디에서 피리를 부나 夕陽何處笛

푸른 구름 속 들렸다 끊어지네 吹斷碧雲窠

임진강 주상절리

버드나무 무성한 언덕에 올랐다. 조그마한 정자가 보인다. 정자에 오르니 봄날의 흥취를 만끽할 수 있다. 얼마 만인가. 오랜만에 느끼는 감정이리라. 늘 분노의 감정에 휩싸이곤 했다. 분노의 끝은 술이었다. 물고기가 마름을 흔들고 기러기가 장난치는 모습도 정겹다. 금강산 유람에 대한 기대 때문일 것이다. 정자는 아마 화석정일 것이다. 지도에도 나루 옆에 있는 화석정이 그려져 있다.

정자는 1443년세종 25, 율곡 이이의 5대 조부인 강평공 이명신이 세운 것을 1478년성종 9에 율곡의 증조부 이의석이 보수했다. 몽암 이숙함이 화석정이라 이름을 지었다고 한다. 그 후 이이가 다시 중수하여 여가가 날 때마다 이곳을 찾았고 관직을 물러난 후에는 이곳에서 제자들과 시와 학문을 논하며 여생을 보냈다. 선조가 임진왜란 때 의주로 피난 가던 중 한밤중에 강을 건널 때 이 정자를 태워 불을 밝혔다는 이야기로도 유명하다.

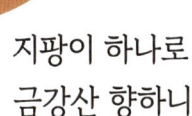

지팡이 하나로
금강산 향하니

고려 시대 포주抱州였던 포천은 1413년 군현의 지명 중 주州가 들어가면 천川 또는 산山 자로 개칭하라는 영에 따라 '포주'에서 '포천'으로 바뀌게 된다. 1618년에 포천과 영평이 합쳐져 영평대도호부로 승격되었다가, 1623년에 다시 포천과 영평이 분리되었다.

피폐해진 고을 사람은 적고 弊邑民居少
황량한 마을 나무색은 짙어라 荒村樹色稠
부드러운 바람 보리 이랑 지나고 好風經麥壟
보슬비는 마름 뜬 물가 지나가네 細雨過蘋洲
길 좁아 사람 자취 끊어지고 逕小人蹤斷
산이 둘러있어 돌 골짝 깊숙하구나 山回石洞幽
떠나갈수록 산봉우리 그림 같으니 去去峯如畫
가고 또 가면 나의 수심 풀어지리라 行行可解愁

김시습의 눈에 보인 포천현의 모습은 황폐한 모습이었다. 마을은 황량한데 나무는 봄날이 되니 짙어만 간다. 바야흐로 바람은 부드럽고, 봄비마저 내린다. 금강산을 향해 가면 갈수록 근심이 사라지는 것 같다. 희망찬 분위기다.

『연려실기술』에 의하면 "노량 남쪽 언덕 길가에 다섯 무덤이 있는데, 그 앞에 각각 작은 돌을 세워 표시하였다. 가장 남쪽은 박 씨의 묘라 하고, 다음 북쪽은 유 씨의 묘, 또 다음 북쪽은 이 씨의 묘, 또 다음 북쪽은 성 씨의 묘, 또 성씨의 묘가 그 뒤 십여 보사이에 있다. 어떤 중이 시체를 지고 와서 묻었는데 그 중이 김시습이라 한다." 하였다는 기록이 보인다.

성대중의 「사육신에 대한 몇 가지 사실」이란 글도 있다.

노량진의 육신묘는 세간에 전해 오는 말에 의하면, 옛날에 사람을 처형하던 곳이고 사육신을 묻어 준 자는 승려인데 아마 김시습일 거라고 한다. 그러나 실록을 조사해 보면 병자년1456, 세조 2에 절개를 지키다 죽은 자들은 모두 군기시 앞에서 죽었다. 노량진에서 죽은 것이 아니며, 박팽년은 옥중에서 죽었다. 그런데 그들을 노량진 언덕에 함께 묻고 무덤마다 푯대를 세웠다. 이 일은 지혜와 의기를 겸비한 자가 아니면 그렇게 할 수 없는 것이다. 그러니 필시 김시습이 했을 것이다.

사육신의 시신을 아무도 수습할 엄두를 못 냈을 때 시신을 거두고 묘표를 세운 김시습이었다. 포천은 단종 복위를 시도하다 형장의 이슬로 사라진 유응부의 고향이다.

유응부는 조선 시대 무인으로 평안도 절제사를 거쳐 정2품에 올랐으나 단종 복위 사건으로 참화를 당했다. 남효온이 사육신인 유응부에 대하여 「유응부전」을 지었다.

무인이다. 씩씩하고 용감하며 활을 잘 쏘았다. 세종과 문종이 모두 사랑하고 중하게 여겨서 지위가 2품에 이르렀다. 병자년1456, 세조 2에 일이 발각되어 대궐 뜰로 잡혀 왔다. 임금이 묻기를 "그대는 무엇을 하려 했는가?" 하니, 대답하기를 "사신을 청하여 연회를 하던 날에 칼로 족하를 폐하고 옛 임금을 복위하려 했으나, 불행히도 간사한 사람이 고발했으니, 제가 다시 무엇을 하겠습니까. 족하는 속히 나를 죽이시오." 하였다. (중략) 어머니가 일찍이 포천의 전장으로 갔을 때 형제가 모시고 가다가 말 위에서 몸을 날려 하늘 향해 활을 쏘니, 기러기가 활시위 소리가 나자마자 떨어지므로 어머니가 크게 기뻐하였다.

충목단은 유응부의 유허비를 비롯한 각종 기념물을 보관한 곳이다. 1746년영조 22에 단을 세우고 유허비를 세웠는데, 서원철폐령 때 훼손되었다가 1890년에 훼철된 터에 충목단을 세웠다.

금강산은 담무갈보살이 머무는 불교의 성지로 알려졌다. 보살이 머문다는 믿음은 원나라까지 알려져 '바라건대, 고려국에 태어나 금강산을 한 번 보고 싶네[願生高麗國, 一見金剛山]'라는 시를 지으며 동경하였다. 또한 금강산을 삼신산 중의 하나라 생각해서 앞다퉈 금강산을 유람했다. 문인들은 한시와 유람기를 남겼다. 특히 조선 중기 이후 명산을 유람하는 분위기에 편승해 금강산은 대표적인 유람처가 되었다.

조선 시대 포천은 한양과 함경도를 잇는 '경흥로'에 속해 수많은 사람이 오고 가던 무대로 여러 가지 이야기를 담고 있는 지역이다. 한양에서 출발해서 내금강으로 들어가는 길은 포천-철원-

김화-창도-단발령-내금강 코스이다. 연천을 거쳐 철원 북관정에 오르고 김화로 향하는 노선보다 포천에서 신철원을 거쳐 김화로 가는 경우가 더 많았다.

1459년 25세의 김시습은 금강산 유람에 올랐다. 동대문을 나서 수유현을 넘고 의정부를 지났으리라. 축석령을 넘으면 만세교까지가 포천현이다. 「포천 인가에서 투숙하다」란 시를 짓는다.

> 지팡이 하나로 훌쩍 떠나서 금강산 향하니 飄然一錫向楓嶠
> 아스라이 구름 낀 산 아득히 눈에 들어오네 縹緲雲山入眼遙
> 흥겨우니 맛있는 술 한 잔 안 할 수 없고 遣興且無沽美酒
> 멋진 시 읊자 하니 좋은 밤 다시 오네 愛吟時復度良宵
> 외로운 등 창밖엔 떠나는 기러기 소리 들리고 孤燈窓外聞征雁
> 작은 집 울타리에서 들에 난 불 바라보네 矮屋籬邊看野燒
> 옆집 개는 컹컹대며 꽃 아래서 짖는데 隣犬猖狂吠花下
> 나그네 마음은 쓸쓸하고 하릴없네 客心淸悄政無聊

김시습이 금강산 유람을 떠나려 하였다. 전날에 여러 무리가 찾아왔다. 서로 담소하다가 창 바깥으로 떨어졌다. 심하게 다쳐 숨도 못 쉬었으나 여러 손님이 분주히 구출하여 소생하였다. 손님들이 말하기를, "이렇게 중상을 입었으니, 내일 어떻게 떠날 수 있는가." 하니 김시습은, "자네들은 다락원에 가서 나를 기다리기나 하게. 내가 마땅히 병을 무릅쓰고 출발하리라." 하였다. 이튿날 아침에 여러 손님이 다락원으로 가보니 공은 먼저 와 있었는데 떨어져 다친 기색이 없었다. 남효온이 말하기를, "자네가 어찌하여 환술로 우리들을 공갈하고 속이는가." 하였다. 이렇게 출발한 금강산 유람이었다.

포천에 이르러 관아의 객사에 들지 못하고 어느 민가에 들어 하룻밤 신세를 진다. 잠자리가 편치 않았으나 기대되는 유람이었다. 술 한 잔 안 할 수 없다. 시까지 읊었다. 밤이 오자 기러기는 고향으로 가느라 한밤중에 소리를 내며 날아간다. 개는 지나가는 나그네를 향해 짖는다. 낮에 흥분했던 마음은 어느새 쓸쓸해진다. 오락가락하는 심사는 언제나 평정을 찾을 것인가.

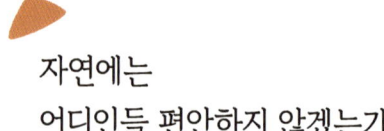

자연에는
어디인들 편안하지 않겠는가

포천에서 하룻밤을 보냈다. 날이 밝자 김시습은 금강산 길에 다시 오른다. 만세교를 지나면 이윽고 영평 땅이다. 영평은 포천의 북쪽, 철원의 남쪽 땅이다. 고구려에서는 양골현, 고려 현종 때에는 동주에 속했다가 영흥으로 독립하였고, 조선 태조 때에 영평이 되었다. 광해군 때에는 포천을 포함하기도 했으나, 1914년 일제의 행정구역 조정으로 포천에 포함되었다. 43번 국도를 따라 북으로 가는 길에 있다.

김시습은 영평 읍내로 들어갔다. 양문리를 지나 좌회전하여 연천 방향 37번 국도로 이동해야 옛 영평현 관아터로 갈 수 있다. 길은 영평천을 넘어 관아로 이어진다. 영평초등학교 자리가 관아였다. 백 년을 넘긴 초등학교는 폐교되었다. 잠긴 철문 앞에는 선정비 몇 기만 남아 이곳이 관아터라는 것을 알려준다.

영평향교는 철폐되어 현재 터만 남아 있다. 향교는 1173년명종 3 창건하여, 1592년선조 25 임진왜란으로 소실되었으나, 1594년선조 27 중건해 강학과 유림의 제향을 병행해 오면서 많은 인재를 배출하였다. 1938년까지 제향만 모셔 왔으나 일제 강점기에 철폐되었다. 2011년 12월 10일, 영평초등학교 정문에 '영평향교유허비'를 세웠다.

작은 고을 사방엔 산으로 둘러싸고 있는데 小邑週遭圍四山

낮은 정자 마른나무 구름 사이에 기댔구나 短亭枯樹倚雲間

저녁연기 그림 같고 봉우리들 겹치고 暮煙展畫峯千疊

개울물에 적삼 적시는데 달은 반 가락지 野水浸衫月半環

세상에서 이 몸 늙을 것 잘 알고 있지만 人世極知身老大

자연에는 어디인들 편안하지 않겠는가 林泉何處不安閑

내일 아침 다시 도원길 들어서면 明朝更入桃源路

승경이 유래한 땅이라 인색하지 않으리 勝景由來地不慳

김시습이 영평에 머문 날 달은 초승달이어서 영평천에 달이 비쳤을 것이다. 매월당은 스스로 힘을 낸다. 인간이 사는 세상은 상처를 주지만 자연은 그렇지 않다. 자연은 언제나 편안함을 준다. 세상살이에 늘 긴장하였지만, 산천은 긴장을 누그러뜨리고 이완되게 만든다. 휴식할 공간이고 여유를 느낄 수 있는 곳이다. 영평에서 서운한 일이 있었는가. 「저물녘 영평현에 투숙하다」에서 내일 도원길에 나서면 인색하지 않으리라고 예상하는 것을 보니, 인심이 인색하였던 것 같다.

조선 초기에 명나라 황실과 중국 사신을 위한 금강산 그림이 많이 그려졌다. 안귀생·배련 등 최고의 화원들에 의해 제작되었다. 안귀생은 1455년에 도승지 신숙주의 지시에 따라 명나라 사신들에게 금강산도를 보여주었다. 작품이 매우 우수하여 중국 사신들의 찬탄을 받았다. 배련은 1468년세조 14 금강산에 파견되어 「금강산도」를 그려 바친 것으로 유명하다. 예종 1년인 1469년에 명나라에 사신으로 가는 길에 금강산도를 바치게 했다는 실록의 기록이 보인다. 중국에서 금강산 그림에 대한 수요가 지속적으로 있었음을 보여준다. 중국까지 알려진 금강산을 향해 유람하는 김시습은 희망이 부풀어 있다.

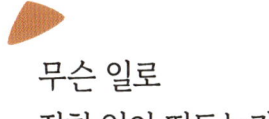

무슨 일로
정처 없이 떠도는가

어디를 가든 동막리는 '웰컴 투 동막골'이 연상된다. 6·25 전쟁이 한창이던 때 강원도의 산골 마을 동막골에 머물게 된 국군, 인민군, 연합군의 갈등과 화해를 그린 영화가 '웰컴 투 동막골'이다. 영화를 촬영한 마을은 평창군 미탄면의 율치리지만, 삼척의 동막리와 연천의 동막리도 영화의 배경이 될 만한 첩첩 산골이다. 연천군 동막리는 보개산 자락을 따라 형성된 계곡에 흐르는 맑은 물 때문에 유원지가 들어서면서 피서객들이 많이 찾지만, 예전에는 영화를 찍어도 될 정도의 산골이었다.

보개산 자락에 안긴 동막리는 보개산과 불가분의 관계다. 『신증동국여지승람』은 보개산을 철원군에서 소개하고 연천군에서도 소개한다. 지금은 연천군과 포천시에 걸쳐 있는 산이다. 옛 기록은 보개산으로 알려져 왔지만 연천군은 산의 정상을 보개산 지장봉으로, 포천시에서는 지장산이라 부른다. 최고봉이 마치 보개를 쓰고 있는 모습을 닮았다고 해서 보개산이란 이름을 얻게 되었다.

보개산은 지장성지로 유명하다. 고려 때만 해도 60여 개가 넘는 사찰이 있었다고 한다. 『신증동국여지승람』에서 심원사, 석대사, 지장사 이외에 성주암, 지족암, 용화사, 운은사 등이 모두 보개산에 있었다고 알려준다. 불국토라고 해도 과언이 아니다.

보개산 서쪽 산기슭에 자리 잡은 심원사는 647년진덕여왕 1에 영원 조사가 창건한 흥림사에서 출발한다. 1396년에 무학이 중창하면서 이름을 바꿨다. 한국의 지장 신앙은 관음 신앙, 약사 신앙과 더불어 대표적인 보살 신앙이다. 관음 신앙이 살아 있는 자의 현세 기복을 위한 것이라면, 지장 신앙은 죽은 자를 위한 신앙이다. 바로 심원사가 대표적인 지장 도량 중 하나다. 한국전쟁 중에 폐허가 돼 민간인 출입이 통제되자, 1955년 철원 상노리에 새 사찰을 짓고 이름을 '심원사'라 하였다. 이후 옛터에서도 사찰을 복원하기 시작했다. 1997년에 국유지로 돼 있던 심원사 소유 250만 평을 되찾았다. 2004년에는 옛터에 극락보전을 복원하면서 '원심원사元深源寺'의 역사가 시작되었다. 김시습의 「심원사」이다.

천 길 되는 고목 아래에 古木千章下

높다랗게 절이 솟았구나 岑崟有梵宮

새는 울고 나무 고요한데 鳥啼庭樹靜

제사 끝나자 요사채 비었네 齋罷客廊空

높은 산엔 석양빛 엷어졌는데 高岫夕陽薄

작은 내에 단풍잎 붉구나 小溪楓葉紅

가는 곳마다 모두 명승지니 行行皆勝地

길 다함을 슬퍼할 필요 있나 何必哭途窮

원심원사

사실상 폐사된 심원사는 2003년 첫 발굴 조사가 진행되면서 복원에 들어갔다. 심원사 입구에 무명 항일의병묘역과 함께 항일 의병비가 세워져 있다. 1907년 고종황제의 퇴위와 군대 해산 등에 항거하여 전개된 의병 항쟁은 임진강 및 보개산 유역을 중심으로 연천군 전 지역에서 강력하게 전개되었다. 고승들의 부도와 함께 심원사의 내력을 보여준다.

김시습의 「보개산에서 온 스님이 있어 시를 짓다」란 시에서 스님은 보개산 심원사에서 온 스님을 뜻한다.

철원은 천 년의 옛 고을이라 東州千古地

예전에는 태봉의 관문이었네 曾是泰封關

보개산의 구름 일산같이 둥글고 寶蓋雲如繖

보리진의 밝은 달 쟁반같이 떴네 菩提月似盤

위태로이 등 넝쿨 잔도에 얽혔는데 危藤縈棧道

세찬 폭포 바위틈에서 쏟아지네 飛瀑漱巖間

일찍이 놀던 심원사 생각하나니 因憶曾遊處

가을바람에 단풍잎 한창 붉겠지 秋風葉正殷

시 중에 「보개산」과 「심원사」가 있는 것으로 보아 직접 보개산 심원사에 갔었던 것 같다. 심원사로 향하는 잔도와 계곡의 폭포를 묘사한 것이 자세하다. 김시습뿐만 아니라 조선시대의 많은 문인들의 시문에서 쉽게 보개산을 찾을 수 있다. 고려시대의 이색이나 이제현도 시문을 남겼다. 보개산은 종교적으로 중요할 뿐만 아니라 문화적으로도 중요한 장소였다.

동막골을 떠나기 전에 「보개산」을 노래한 김시습의 시를 감상해야 한다. 보개산에 대한 최소한의 예의다.

보개산 모습은 푸르른데 寶蓋山容碧

철원의 가을빛 짙어가네 東州秋色多

세월은 쏜살같이 빠르며 年光急似箭

사람의 일 천보다 더 얇네 人事薄於羅

오랜 골짝에 저녁놀 고요하고 古壑煙嵐靜

하염없는 길엔 세월만 까마득 長途歲月賒

무슨 일로 정처 없이 떠도는가 飄飄緣底事

닿는 곳이 바로 내 집이네 到處卽爲家

비단과 같은 천보다 얇다는 것은 쉽게 찢어진다는 의미다. 쉽게 변한다는 것이며 가볍기 그지없다는 개탄이다. 사람 간의 일이 이러하다는 것을 이미 젊은 나이에 깨달아버린 김시습이 위안을 얻은 곳은 자연이다. 산수 사이에서 유람하면서 사람에게서 받은 상처를 치유하곤 했다. 보개산에서 김시습의 발길은 연천으로 향한다. 한탄강을 건너 서울로 향했으니 동막골을 지났을 것이다. 긴 계곡을 빠져나가며 조금이라도 위안을 얻었을 것이다.

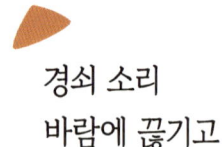

경쇠 소리
바람에 끊기고

　　사냥꾼인 이순석 형제가 금빛 멧돼지를 보고 힘껏 활을 당겼다.
멧돼지는 피를 흘리며 달아났다. 돼지를 쫓아가니 돌로 만든 보살
상이 샘이 솟아나는 곳에 있는 것이 아닌가. 머리 부분은 드러나 있
고 몸은 아직 묻혀 있었다. 다음날 형제는 돌 위에 앉아 있는 석상
을 보고 또 한 번 놀랐다. 형제는 돌을 쌓아 암자를 세우고 석대암이
라 하였다. 『신증동국여지승람』은 석대사에 얽힌 이야기를 들려준
다. 사냥꾼 이순석이라는 자가 돌부처를 보고 절을 세웠으며, 민지
의 글이 있다고 알려준다. 신이한 일이라 민지의 「보개산석대기」에
남게 되었고, 이후에도 계속 전해지게 되었다. 이색1328~1396은 「보
개산석대암지장전기」에서 '지장석상地藏石像'을 언급한다.

　　김시습은 석대암에서 시를 짓는다.

쑥 풀 잡고 벽을 만지며 바람에 의지해 오르니　攀蘿捫壁上風梯
오래된 암자 뜰의 소나무에 학이 잠시 깃드네　菴古庭松一鶴棲
숲 아래에 경쇠 소리는 떠나는 바람에 끊기고　林下磬聲風外切
서쪽 봉우리 저녁노을 쓸쓸히 산골에 두르네　西峯殘照落寒溪

　　풀 잡고 오른다는 것은 험하다는 것을 말한다. 두 손과 두 발

석대암

을 이용해 올라가야 할 정도다. 벽을 만진다는 것은 바위를 타고 올랐다는 표현이다. 바람에 의지해 올랐다는 것은 절의 위치가 높다는 은유이다. 석대암은 산 정상 바로 아래서 서쪽을 향하고 있다. 서쪽으로 늘어선 산줄기가 아득하다. 유몽인이 지은 「보개산의 고승 조순에게 부치다」는 『어우집』에 실렸다.

해동의 보개산은 삼신산의 하나이니 海東寶蓋三山一

조순이 세존의 후신임을 알겠네 淳也吾知後世尊

차가운 달밤 박달나무에 원숭이 매달렸고 猿掛月寒檀樹砌

살구꽃 핀 봄날 정원에 범이 웅크렸네 虎馴春靜杏花園

바위가 별 모양 이루니 점치는 사람 많고 石成星樣多龜卜

돼지로 변했던 부처 화살 맞은 흔적 있네 佛化猪身帶箭痕

그댈 위해 덩굴 길 다시 찾아가려니 爲爾重尋蘿薜路

지팡이 날려 심원사로 내려오십시오 會須飛錫下深源

보개산은 삼신산 중의 하나로 여겨질 정도로 신성하게 여겼다. 조선시대에 들어와 유몽인1559~1623은 경기도 암행어사로 재직 중 1603년 봄에 보개산을 찾았다. 석대암까지 가고 싶었으나 바쁜 일정 때문에 심원사에서 발길을 멈추었다. 알고 지내던 조순은 석대암에 머물고 있었던 것 같다. 보고 싶으니 얼른 심원사로 내려오라고 재촉한다. 유학자와 스님의 고상한 사귐을 보여준다. 시에 "돼지로 변했던 부처 화살 맞은 흔적 있네"라는 구절은 석대암의 전설이 계속 전해짐을 보여준다.

앞으로 갈 곳
어디인가

1977년, 전곡리 한탄강 유원지에 놀러 왔던 미군 병사에 의해 석기가 발견되었다. 나중에 아슐리안계 구석기 유물로 밝혀지면서, 세계적으로 주목받게 되었다. 석기의 발견은 동아시아와 아프리카 유럽으로 구석기 문화를 양분하던 모비우스의 학설을 바꾸는 계기가 되었다. 또한 동아시아의 구석기 문화를 새로운 각도에서 이해하려는 많은 시도를 불러일으켰고, 이는 한국의 구석기 연구뿐만 아니라 전 세계 구석기 연구를 풍부하게 만드는 계기가 되었다.

김시습은 구석기인이 살았던 그곳을 지나 한탄강을 건넜다. 1459년에 금강산을 갔다 오다가 보개산 심원사에 들린 그는 한양으로 향하는 길이었다. 「대탄을 건너며」가 『매월당집』에 실려 있다. 한탄강을 대탄大灘이라 불렀다.

물 건너는 곳 물결 맑고도 얕아　渡口波淸淺

들여다보고 고기도 셀 수 있네　臨流可數魚

강산에 처음으로 비 그치자　江山初霽後

바람과 달은 가을처럼 맑은데　風月九秋餘

갈대 언덕엔 고깃배 평온하고　葦岸漁舟穩

산성엔 고목들 듬성듬성　山城古木疏

앞으로 갈 곳 어디인가　前程何處是

뽕나무 무성한 촌마을　桑柘暗村墟

　한탄강을 건넌 김시습은 그해 겨울을 서울 부근에서 보낸다. 소요사, 회암사, 수락산, 도봉산, 삼각산에 대한 시가 그의 행적을 알려준다. 선사 유적지에서 강을 따라 내려가다보면 한탄강은 임진강과 합류하면서 끝난다. 조면호1803~1887는 대탄에서 강의 흐름이 차츰 넓어지는 것을 보고 감격에 겨워 시를 짓는다. 남계리 도감포에서 시를 지은 것 같다.

매번 강 흐르는 곳을 볼 때마다　每見江流處

시인은 한번 비장을 씻어내니　詩人一洗脾

북쪽에서 흘러온 강 삼십 리　北江三十里

비로소 내 시를 쓸 수 있네　始足寫吾詩

　흐르는 강을 볼 때마다 자신의 구태를 씻어버리고 시를 짓는 시인의 모습이 두물머리에 보이는 듯하다. 느릿느릿 협곡 사이를 흘러온 물은 서로 다툼 없이 합해지면서 유장하게 서쪽으로 흘러간다. 바다를 향해 끊임없이 흘러가는 물을 보면서 시인은 무엇을 생각했는지 알 수 없다. 강이 합쳐지는 도감포에 서면 혹 알 수 있을지도 모른다.

전곡리 선사박물관

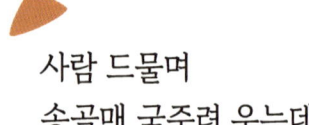

사람 드물며
송골매 굶주려 우는데

    금강산을 유람하고 돌아오는 길에 보개산에 들렀다. 입구에
있는 심원사에서 여장을 풀었다. 내친김에 산에 올랐다. 힘을 내
어 정상 부근에 있는 석대암을 찾았다. 산에서 내려와 한양으로
향하였다. 연천을 지나니 한탄강이 가로막는다. 연천 지역의 한
탄강을 대탄大灘이라 불렀다. 대탄을 건너니 바로 대전리로 이어
지고 동두천이 기다린다. 동두천에는 소요산이 있다. 대전리를
지나가다가 시를 짓는다.

    해 저물고 사람 드물며 송골매 굶주려 우는데   日暮人稀飢鶻鳴

    길 가는데 가을 생각 깊고도 깊구나   途中秋思正崢嶸

    어찌하면 소요산 꼭대기에 한 번 올라   何當一上逍遙頂

    흔쾌히 소요하며 세상 생각 안 할까   快得逍遙不世情

    대탄나루를 건너면 함밭이[大田]다. 가야 할 길은 먼데 해는 뉘
엿뉘엿 진다. 저녁이 되자 모두 집으로 돌아간다. 하늘엔 배고픈
송골매가 사냥 거리를 찾아 높이 난다. 쓸쓸한 가을 저녁에 시름
만 깊어진다. 앞마을에 소요산이 있다고 한다. 소요산 꼭대기에
올라 세상 근심을 떨쳐버릴 것을 생각하니 시름이 가벼워진다.

소요산에서 소요하고 싶다는 것은 소요유하고 싶다는 말이다. '소逍'자는 소풍의 의미이고, '요遙'자는 멀리 간다는 뜻이며, '유遊'자는 논다는 뜻이다. 장자는 소요유를 이상적인 삶의 방식으로 제시했다. 소요유는 얽매임 없이 자유롭게 노니는 삶을 의미한다. 장자는 소요유를 통해 인간이 욕망과 집착에서 벗어나 자연과 하나가 되는 삶을 살아야 한다고 주장했다.

북쪽 바다에 큰 물고기가 있으니, 그 이름을 '곤鯤'이라고 한다. '곤'의 크기는 그 길이가 몇천 리나 되는지 알 수가 없다. 곤이 변신하여 새가 되는데, 그 이름을 '붕鵬'이라 한다. '붕'의 등덜미는 그 길이가 몇천 리인지 알 수가 없다. 온몸에 한껏 힘을 주고 하늘을 나는데, 활짝 펼친 날개가 마치 하늘에 드리운 구름 같다. 이 새는 바다가 크게 움직일 때 남쪽 바다로 날아가려 한다. 남쪽의 깊고 검푸른 바다는 '하늘 연못', 즉 천지天池이다.

「소요유」 편의 첫 구절이다. '곤'을 무한한 잠재력을 가진 인간으로 보고, '붕'을 무한한 잠재력을 발현하여 초월한 자로 보아서 대인으로서의 인간으로 해석한다. 뒤편에 나오는 '비둘기와 매미'는 큰 뜻을 보지 못하는 우매한 인간이다.

진인眞人의 풍모와 처신에 비유되는 대붕의 스케일은 이렇다.

바람의 쌓임이 두텁지 못하면 붕의 날개를 띄울 힘이 없다. 그러므로 구만리쯤 올라가야 바람이 그 밑에 쌓인다. 그런 뒤에야 바람을 타고 푸른 하늘을 등에 지고 나는데, 아무것도 그것을 막지 못할 것이다. 그러고 비로소 붕새는 남쪽 바다로 날아가는 것이다. 붕새가 남쪽 바다를 건널 때는 물결을 삼천리나 치고, 회오리바람을 타고 구만리를 올라가서 여섯 달 동안 난 다음에 쉰다.

인생도 '붕정만리鵬程萬里'처럼 먼 길이다. 장자는 그래서 '소요유' 하라고, 인생을 바쁘게 살지 말라고 권한다. 만사에는 상반된 가치가 존재하니 옳고 그름을 너무 따지지 말라고 한다. 붕새처럼 크게 생각하고 너그럽게 이해하라는 뜻이다. 통찰력을 갖게 되고, 정신적 자유를 얻는 것은 세속이 말하는 성취 결과와는 별개의 문제이다. 김시습은 이렇게 이해하였을 것이다.

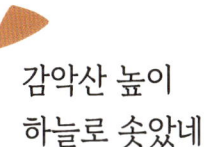

감악산 높이
하늘로 솟았네

한탄강을 건넌 후 소요산으로 향했다. 입구 행궁터는 이성계의 자취가 남아 있는 곳이다. 감회가 인다. 시를 짓고 소요사로 들어갔다. 절에서 나와 서쪽을 보니 우뚝한 산이 보인다. 적성현과 양주군 경계에 있는 감악산이다. 『동국여지지』는 적성현의 산천 항목에서 이렇게 설명한다.

현 동쪽 25리에 있다. 정상에는 돌 봉우리가 있는데, 큰 이빨 모양으로 기이하고 빼어나다. 고려 임춘의 시에 "이 산 처음부터 끝까지 몇 고을에 걸쳐 있고, 하늘 밖으로 솟은 모습 춤추는 봉새 같구나"라고 하였다. 김시습은 시에서 "감악산 높이 하늘로 솟아 있고, 아스라한 골짜기엔 구름 안개 피어나네"라고 하였다.

『동국여지지』는 김시습의 시 일부분만 인용하였다. 나머지 부분은 다음과 같다.

무성히 크고 높은 나무가 사당 가리고　千章喬木陰神廟
한 줄기 쏟아지는 폭포 용연에 드리우네　一道飛瀑垂龍淵

다만 들리는 종소리는 푸른 벽 흔들고　但聽疏鐘搖翠壁

늙은 학은 산마루의 둥지에 보이지 않네　不見老鶴巢層嶺

하늘은 흐릿한 구름 같이 흩어졌다 모여　空濛似畫聚復散

무심하게 양대 앞서 비를 만들어 뿌리네　等閑作雨陽臺前

　두 번째 연은 정상에 있는 사당에 대해서 언급한다. 허목은 산 위에 감악사紺嶽祠가 있는데, 돌로 만든 단으로 높이는 3장丈 정도라고 설명한다. 아울러 서쪽 돌 봉우리 아래에는 운계폭포가 있다고 하였다. 시에서 말한 용연에 드리운 폭포다.

　김시습은 시에서 자신의 감정을 토로하는 경우가 많다. 그것도 직설적으로 드러낸다. 이 시도 눈에 보이는 대로 묘사한다. 그러나 자세히 보면 그렇지 않다. 경치 묘사 속에 자신의 마음이 들어있다. 산마루 둥지에 학이 있어야 하지만 학은 보이지 않는다.

　마지막 연은 중국의 고사를 인용했다. 초나라 회왕이 무산의 신녀와 하룻밤의 인연을 맺고 헤어질 때, 신녀가 "아침에는 양대의 구름이 되고 저녁에는 양대의 비가 되겠다."라고 말한 고사는 송옥의 「고당부」에 나온다.

　전국시대 초나라 양왕이 운몽이라는 곳에서 노는데, 문득 하늘을 보니 기묘한 구름이 피어오르고 있었다. 함께 갔던 신하에게 물었더니, 이렇게 얘기를 했다. "선녀입니다. 선녀가 아침 구름으로 나타나 사랑을 청하는 것입니다." 양왕이 놀라 다시 물었다. "어찌하여 그런가?" 그러자 신하는 말했다. "오래전에 어느 왕이 잔치를 즐기다가

감악산 법륜사

문득 낮잠에 들었는데 꿈에 아름다운 여인이 찾아와 말을 건넸습니다. 그녀는 자신이 무산의 선녀라고 밝히며, 왕을 사모하여 잠자리를 받들고자 왔다고 말합니다. 왕은 여인의 아름다움에 빠져 꿈속에서 깊은 사랑을 나눴습니다. 헤어질 무렵에 왕이 그녀를 붙잡자, 울면서 여인은 말했습니다. '저는 무산의 남쪽에 살고 있는지라 여기서 지체하고 있을 수 없사옵니다. 다만 아침이 되면 구름이 되어 당신 위에 올라앉을 것이고 저녁에는 비가 되어 당신을 적실 것입니다. 아침 구름 저녁 비[朝雲暮雨]로 우린 늘 사랑을 나눌 수 있사옵니다.' 그렇게 말하며 떠나갔습니다. 그 이후로 운우雲雨의 정은 바로 남녀의 정사를 말하는 것이 되었습니다. 두 사람이 정사를 나눴던 자리가 바로 무산의 양대 아래라고 합니다."

혼자서 유람에 나섰던 김시습은 외로웠는가. 세상사에 대해 초연하기에는 너무 젊지 않은가. 피 끓는 20대인 그는 더 많이 번뇌하고 고통스러워해야 했다.

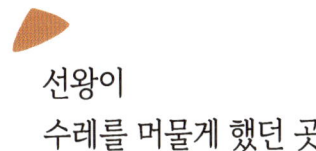

선왕이
수레를 머물게 했던 곳

첫째 부인이 낳은 여섯 아들을 제쳐놓고, 이성계는 둘째 부인이 낳은 방석을 세자에 봉했다. 이에 불만을 품은 방원이 왕자의 난을 일으켜 둘째 부인이 낳은 두 왕자와 정도전 등 심복을 죽여버렸다. 여기에 진노한 태조가 첫째 아들에게 왕위를 물려주고 자신은 고향인 함흥으로 돌아갔다. 정종이 간곡히 청하여 모셔왔으나, 방원이 왕위에 오르자 또다시 함흥으로 돌아갔다. 이에 방원이 여러 번 사신을 보내 모셔 오려 했으나 태조는 차사가 당도하는 족족 죽여버리거나 가두었다. '함흥차사咸興差使'라는 말이 탄생하게 된 배경이다.

『오산설림』에 의하면 태종이 차사로 보낸 인물은 무학대사였다. 무학이 함흥에 가서 태조를 알현하니 태조가 "그대도 나를 달래러 왔구나."라고 말했다. 무학이 웃으면서, "전하께서 저를 안 지가 수십 년인데 제 마음을 모르십니까? 저는 전하를 위로하기 위해 왔을 뿐입니다."라고 대답했다. 무학이 그 뒤로 함흥에 머물면서 태종의 단점만 말하였다. 이에 태조가 그를 믿게 되었다. 수십 일 뒤에 무학이 밤중에 태조에게 청하자 태조가 환궁하겠다고 말한다. 그러나 태조가 소요산에 머물면서 돌아오지 않자, 태종이 성석린을 그곳에 보냈다.

태조가 다시 한양을 떠난 것은 1401년 11월이었다. 밤중에 향한 곳은 소요산이었다. 다음 해 1월에 태종은 사신을 소요산에 보내어 문안을 드리니, "소요사에 유명한 스님이 있으니, 절 아래에다 집을 짓고 거처하고자 한다."라고 하였다. 그해 3월에 소요산 아래에다 별궁을 짓고, "궁궐을 하나 지어 손님을 대접하려고 한다."하고 백성들을 동원하여 궁을 지었다. 허목1595~1682의 「소요산기」에 의하면 골짜기 입구에 사는 사람들이 말하기를, "왕궁의 옛터 두 곳이 있는데 우거진 숲속에 두어 층의 층계만이 남아 있습니다."라고 증언하였다. 허목은 이곳이 태조의 행궁이라고 보았다. 궁궐은 숲속에 터만 남아 있었다.

허목보다 먼저 김시습의 발길이 1459년에 닿았다. 금강산을 유람하고 한양으로 돌아올 때 행궁은 이미 폐허가 되었다.

들풀 안개가 감추고 풀은 행궁터 덮었으니　煙埋野草草埋墟
일찍이 선왕이 수레를 머물게 했던 곳　曾是先王駐彩輿
임금 떠난 행궁터엔 구름은 이미 변하고　龍去鼎湖雲已變
붉은 등나무 마른나무가 서로 얽혀있네　紫藤枯樹謾相拏

강원도와 충청도 고을의 사람들을 징발하여 대궐을 지었다. 날은 차고 얼음이 얼어 불피워 가며 땅을 팠다. 백성들의 고통을 말로 표현하기 어려울 정도였다. 그러나 궁궐은 풀밭이 되었다. 담엔 칡과 등나무가 얽히고설켰다. 정원을 꾸미던 나무는 고목이 되었다. 무상이란 단어가 떠오른다. 소요산 입구 관광지원센터

史蹟
李太祖 行宮址

이태조행궁지

앞에 '이태조행궁지李太祖行宮址'란 비석이 권력의 비정함을 알려
준다. 무상함을 일깨워 준다.

스님은
구름과 물처럼 정처 없네

"산이 높다고 명산이 아니라 신선이 살아야 명산이다." 유우석은 「누실명」에서 이렇게 말했다. 제아무리 높은 산이라고 해도 뛰어난 인물이 그곳에 살지 않으면 명산의 반열에 들 수 없다. 소요산의 신선은 원효대사다. 원효대사가 머무르면서 소요산은 이름을 떨치기 시작했다. 소요산 곳곳에 원효의 흔적이 남아 있다.

소요산에서 먼저 만나게 되는 것은 원효폭포다. 입구에서 800m 정도를 걸어 오르면 홀연히 폭포가 나타난다. 절벽 사이로 약 10m의 물줄기가 시원하게 떨어진다. 허목이 말한 "궁터 위에 폭포가 있는데 높이는 8~9길이 된다."라고 묘사한 폭포다. 소요산을 산행하면서 처음 만나는 곳이라 인상적이다.

폭포 옆의 자연 동굴은 원효굴이다. 수행하기 딱 좋다. 원효대사는 이곳에서 수도하였을 것이다. 폭포 소리는 수행자의 미망을 깨치는 역할을 하였다. 굴 안에는 석가모니 삼존불과 좌우로 사천왕상이 모셔졌다. 참배객의 염원이 담긴 촛불도 타오르고 있다. 허목은 이곳에 자신의 이름을 새겨 넣었다.

원효폭포에서 등산로를 오르면 108계단이 펼쳐진다. 그 위는 원효대사가 좌정했다는 원효대다. 허목은 "폭포 옆 높이 10여 길이나 되는 절벽에 비스듬히 걸쳐 있는 나무 사다리를 올라가면 원효대다."라고 알려준 그곳이다. 이곳도 원효대사가 수도하던 곳이다.

원효대를 지나면 협곡이다. 양쪽이 가파른 절벽이다. 절벽에 길을 만들었다. 예전엔 아찔하였을 것이다. 길 끝은 자재암이다. 자재암의 역사는 통일신라 시기까지 올라간다. 원효대사가 창건했다고 알려졌다. 고려 광종 때 중창하고 1153년에 화재로 소실된 것을 복구하여 명맥을 유지해 왔다. 조선 시대에는 절의 이름이 소요사였다. 『세종실록』에 소요사를 태조의 원당으로 삼았다고 기록하였다. 조선 전기에 김시습은 소요사에 대해 노래했는데 황폐해져서 오가는 사람들이 적었노라고 읊었다.

> 길 따라 서늘한 골짜기로 들어오니 路入寒溪洞
> 일천 봉우리 저녁에 노을 밝구나 千峰落照明
> 사방의 산 모두 높고 가파른데 四山皆崒嵂
> 산골 물은 바로 맑고 차갑구나 一澗正淸泠
> 전각에 금불상 은불상 있고 殿有金銀像
> 스님은 구름과 물처럼 정처 없네 僧多雲水情
> 상왕께서 전에 머물던 곳인데 上王曾駐輦
> 길은 황폐하고 다니는 사람 적구나 徑廢少人行

1872년고종 9에 이르러서야 원공 스님과 제암 스님에 의해 영원사라는 사명으로 중창되었다. 1907년 큰 화재로 전각 대부분이

자재암

소실되고, 1909년 절을 다시 지으면서 자재암이라는 이름을 얻게
되었다.

『신증동국여지승람』은 소요산에 중대암, 백운암, 소요사, 소
운암이 있다고 알려준다. 1656년에 실학자 유형원이 편찬한『동
국여지지』에는 소요산에 소요사가 있다고 기록하였다.

절이 온통 층암절벽과 괴석에 둘러싸였고 폭포가 있다. 소요사 서쪽
수백 보쯤에 또 폭포가 있다. 주변 지역은 경치가 빼어나다. 바위는
높고 길은 끊어져 사다리를 통해서만 갈 수 있다.

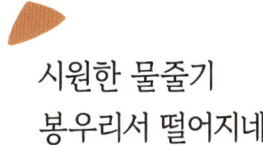

시원한 물줄기
봉우리서 떨어지네

세상에 이런 절은 없을 것이다. 마당 앞에 폭포수가 떨어지고 있다니. 상상 속에서나 있을 법한 일이 현실 속에 일어났다. 자재암 뜰 앞에 그림 같은 폭포가 걸려있다. 허목은 "동쪽 모퉁이에서 폭포 구경을 하는데, 그 위에 5~6장이나 되는 큰 바위가 절벽 위에 서 있다. 암벽 사이의 돌구멍에서는 샘물이 졸졸 흐르는데 이것이 원효정元曉井이다."라고 묘사했다.

보통 폭포만을 언급하지만 허목은 세 곳을 눈여겨보았다. 먼저 폭포다. 청량폭포라는 명칭을 얻었다. 예전에는 옥류폭포로도 알려졌다. 폭포만큼 눈길을 끄는 것은 독성암이다. 탑처럼 우뚝 솟은 바위는 주위를 압도한다. 이름도 다양하다. 독립암, 옥녀봉, 옥로봉, 원효암, 약수암으로도 불린다. 자재암에 탑이 없는 이유가 자연적인 탑이 있기 때문일 것 같다. 독성암 밑은 굴이다. 외벽을 새로 쌓아 인공석굴처럼 보이지만 안으로 들어가니 천연 동굴이다. 원효대사의 수행처였다고 한다. 현재는 나한전으로 16 나한상을 모시고 있다. 허목은 동굴 안에 이름을 새겼다고 하는데 새로 단장하면서 예전의 모습은 사라졌다. 암벽 사이에서 졸졸 흘러나오는 샘물은 원효정이다. 원효샘으로 알려졌다. 원효대사가 머물 때부터 석간수가 솟았다. 고려 시대의 대표적인 문인

인 이규보는 원효샘의 물맛을 보고는 '젖처럼 맛있고 차가운 물'
이라고 감탄했다고 한다.

　　김시습은 자재암에 왔다가 「문 앞 폭포」를 짓는다.

　　한 줄기 시원한 물 먼 봉우리서 떨어지며　一道寒泉落遠峯

　　문을 마주하고 늘 영롱한 옥수 뿜는구나　對門常噴玉玲瓏

　　임금 가마 돌아오지 않고 구름은 적막한데　龍駕不回雲寂寞

　　한을 일으키는 물소리 종소리와 화답하네　水聲牽恨和疏鐘

　　암자에서 불공을 드렸다. 마음이 쉬 가라앉질 않는다. 금강산
에서 수없이 빌고 빌었다. 젊은 시인의 끓는 피를 어찌 할 수 없
었는가. 자연의 미묘한 변화를 봐도 마음이 흔들린다. 암자 밖으
로 나왔다. 우레같은 소리가 들린다. 가까운 거리에서 폭포는 쉼
없이 물을 떨구고 있었다. 또다시 불의한 세조의 행태가 떠오른
다. 그나마 종소리가 마음을 진정시킨다.

　　청량폭포이니 마음을 청량하게 씻어줄 것이다. 폭포를 둘러
싸고 높다란 석축이 차곡차곡 쌓여 있다. 자연미가 떨어진다. 그
러나 이 폭포는 눈으로 보는 폭포가 아니라 귀로 듣는 폭포다. 귀
로 듣고 마음의 욕심을 청량하게 씻는 폭포다.

청량폭포

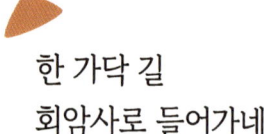

한 가닥 길
회암사로 들어가네

소요산에서 출발한 김시습은 남쪽으로 길을 나선다. 1459년 늦가을에 천보산 기슭에 자리 잡은 회암사에 들렀다. 예사롭지 않은 사찰이 눈길을 끈다. 1328년고려 충숙왕 15 인도 출신 승려 지공?~1363이 세운 것으로 추정된다. 이후 나옹, 무학대사 등 수많은 고승이 거쳐 갔다. 조선이 건립된 이후 왕실의 후원을 받으며 궁궐에 버금가는 위상을 지녔다. 태조는 무학대사를 이 절에 머무르게 했으며, 왕위를 물려준 뒤에는 이곳에서 수도 생활을 했다. 현재 남아 있는 터의 규모는 262칸이며, 이곳에서 수행하는 승려의 숫자는 3천 명에 달했다.

오래된 소나무 등나무 덩굴 얽혀 무성하고 古松藤蔓暗相連

깊고 깊은 한 가닥 길 회암사로 들어가네 一徑深深入洞天

부처 전각에는 삼세의 향불 남아 있고 佛殿尙留三世火

불법 문에는 오늘 다섯 선종이 끊어졌구나 法門今絶五宗禪

한껏 높은 누각은 구름에 싸여 있고 崢嶸樓閣雲爲鎖

쓸쓸한 마당엔 잡초만 무성하네 牢落庭除草作氈

뛰어난 경계 나란타사와 같은지만 勝境宛如那爛寺

불법 전할 사람 없는 것 한이라네 恨無人道祖燈傳

태조는 직접 회암사에 행차하기도 하고, 내관을 보내어 무학 대사에게 문안드리게 하였다. 곡식을 수시로 내리고, 불이 나거나 역질이 돌면 재빨리 다른 절로 옮기게 하였다. 1402년 6월에는 소요산에서 회암사로 행차하여 회암사를 중수하고, 궁실을 지어 머물러 살려고 했다. 태종은 뜻을 어기기가 어려워서 인부를 150명을 보내어 부역하게 하였다. 회암사는 임금이 머무는 별궁과 같은 공간을 갖추게 된다. 발굴된 회암사 터의 북쪽 공간은 사찰 건축 배치가 아닌 궁궐 건물 배치를 따랐다. 이 터에서 발굴된 기와는 청기와였으며 용마루 끝을 장식한 치미는 용의 형상에 봉황 수막새였다.

김시습이 방문했을 때는 사정이 달라졌던 것 같다. 누각은 아직 남아 있지만 마당은 쓸쓸하기만 했다. 잡초만 무성하였다. 불교의 시대는 가고 있었다. 불법을 전할 사람이 없는 것을 한탄해야 할 지경이었다.

고려 충숙왕 때 인도 승려 지공 화상이 인도를 떠나 중국 연경에 도착하여 불법을 전하였다. 고려에서 1326년충숙왕 13 3월부터 1328년충숙왕 15 9월까지 머물렀다. 화암사가 들어선 지형이 인도의 아란나사와 유사하다며 절을 짓기 시작했다. 그 뒤에 나옹이 공사를 맡았으나 마치지 못하였다. 제자가 절을 완성하였다. 집이 무릇 262칸인데, 건물이 굉장·미려하여 동방에서 첫째였고, 중국에서도 볼 수 없을 정도였다. 원나라 연경에서 머물 때 고려의 나옹에게 선종을 전수하였다.

사막 길 만 리 지나 서역 세계로 들어가니 流沙萬里入雷淵

파미르고원 일천 봉우리 추운 하늘 의지했네 蔥嶺千峯冷倚天

바리때 주머니 이미 안석安石에 젖었고 鉢袋已沾安石霧

검은 옷은 이미 계빈罽賓 노을 끌어당겼네 緇衣曾惹罽賓煙

만 리 길 괴롭게 힘을 쓰셨으니 자비심 크고 辛勤萬里慈悲大

중생 건져 올리시니 성품은 서로 온전하네 撈摝群生性相圓

부처님께 절 올리는 일 쉽게 보지 못하니 膜拜莫將容易看

서역의 배팔 염주와 오래된 푸른 담요 뿐 西乾百八舊靑氈

　　김시습은 회암사에 남아 있는 지공선사의 유품을 알현했다. 염주와 담요만이 남아 있었다. 그의 사리를 들여와 회암사에 부도를 세웠다. 천보산 자락에는 부도 및 탑비가 조성되었다. 부도비는 이색1328~1396이 짓고 한수가 글씨를 써서 1378년우왕 4에 건립하였다. 탑비에는 "스님의 발자취는, 서역에서 시작되었다. (중략) 여기 회암사에, 돌 세우고 명을 새긴 것을 보아, 조금도 와전됨이 없게 하여, 길이 보게 하노라."라는 구절이 있다.

　　회암사에서 빼놓을 수 없는 이는 나옹대사1320~1376다. 고려 말 선종의 고승이며 공민왕 때의 왕사로 나옹은 법호이고 법명은 혜근이다. 21세 때 출가하여 회암사에서 깨달음을 얻었다. 원나라 연경의 지공대사를 찾아가서 심법心法의 맥을 이어받고 1361년공민왕 10부터 금강산 등지를 돌아다닌 뒤 회암사의 주지가 되었다. 서예와 그림에도 뛰어났으며, 조선조 불교에 큰 영향을 미쳤다. 김시습은 「나옹선사 의발」을 짓는다.

회암사지

연대燕代에서 도를 닦다 지공께 예 올리고　燕代雲遊禮指空

절주浙西에서 법인法印 받아 동방으로 오셨네　浙西提印又來東

남을 위해 기氣 발하시니 선림禪林에 우뚝하고　爲人吐氣禪林將

임금께 현묘한 말씀 하시니 법해法海에 웅장하네　對御談玄法海雄

천보산 안개는 소나무 숲 뿌옇게 덮었고　天寶霧埋松慘淡

여강 물 넓게 흐르니 달빛도 몽롱하구나　驪江水闊月朦朧

텅 빈 채 의발衣鉢은 아직도 남아서　空餘衣鉢今猶在

천고에 우뚝 절집에 자리했네　千古巍巍鎭梵宮

　이색이 부도에 쓴 글을 읽어보니 "진실로 선각 스님은, 기린의 뿔처럼 드물게 있는 존귀한 인물이다. 왕자의 스승이며, 지극히 큰 지혜를 지닌 분이었다. 모든 중이 그를 종장으로 섬겨, 물이 구렁으로 달리듯 모여들었으나, 충분히 아는 이는 드물었다."라고 하였다. 이익1681~1763도 나옹대사에 대하여 "나옹이 죽자 사리를 155개나 찾아냈는데 두들겨서 558개로 나누었고, 사방 군중들이 잿 속에서 찾아내어 숨긴 숫자도 그 수를 알 수 없었다고 한다. 신륵사 동쪽 탑이 무너졌는데 내가 우연히 그곳에 갔다가 그 소장된 사리를 보게 되었다. 크기가 기장 알 만한 것이 2개였으며, 철로 집을 만들고 그 속에는 쟁반에다 칠보七寶를 올려놓았다."라는 글을 지었다.

　맨 밑에는 무학대사의 부도와 탑비가 자리했다. 나옹도 무학도 지공도 모두 떠났지만, 한국 불교의 선맥을 이은 회암사 세 선사의 승탑과 비는 천보산 언덕에서 회암사 터를 내려본다.

지공선사 부도 및 탑비

나옹선사 부도 및 탑비

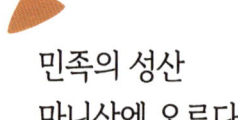

민족의 성산
마니산에 오르다

수락산 폭천정사에서 『십현담』을 주해하여 『십현담요해』를 지은 김시습은 책 끝에 "성화成化 을미년乙未年 도절桃節 재생패哉生覇에 청한자淸寒子 필추苾芻 설잠雪岑이 폭천산瀑泉山에서 주를 쓰다."라고 적었다. 성화成化 을미년乙未年은 성종 6년인 1475년이다. 도절桃節 재생패哉生覇는 3월 16일이다. 청한자淸寒子는 김시습의 다른 호다. 필추苾芻는 비구와 같은 말이다. 설잠雪岑은 김시습의 법호다. 폭천산瀑泉山은 수락산 폭천정사를 뜻한다. 중국 오대의 조동종 승려였던 동안 상찰이 선의 원리를 서술한 『십현담』에 대해 김시습이 주석한 것이다.

『십현담』이란 선의 원리를 십현十玄으로 나누어 그에 대해 게송을 붙인 것이다. 『십현담요해』를 지을 때 중국 법상종의 문익文益의 주를 먼저 적고, 지신의 주를 달았다. 서문에 의하면, 달은 손가락에 의하지 않으면 어린아이들은 알 수가 없듯이 선의 가르침도 글로 표현해야 한다고 주장한다.

1548년에 『십현담요해』 언해본이 간행되었다. 책 뒤편에 쓴 기록은 1548년 강화도 마니산 정수사에서 간행된 것을 알려 준다. 책이 발간되고 73년이 지나 한글로 번역되어 정수사에서 간행된 것이다. 김시습이 마니산에 왔던 사실과 관련 있지 않을까.

마니산 참성단

그때 지은 「마니산에 올라」가 전해온다.

　　마니산의 산 경치 아름다운데 摩尼山色好

　　바다 하늘 모퉁이에 우뚝 서 있네 矗立海天隅

　　날아가는 기러기도 건너지 못하고 飛鴈不能渡

　　맑은 아지랑이 모두가 그림 같구나 晴嵐摠可圖

　　제단엔 가을 풀이 시들어가고 祭壇秋草老

　　절에는 흰 구름만이 외롭구나 僧舍白雲孤

　　큰 바다 바라보니 아득히 넓은데 一望滄溟闊

　　물안개 있는 듯 없는 듯 닿아 있네 煙波接有無

　마니산 제단도 나오고 절도 나오니, 참성단에 올라갔다가 정수
사도 다녀갔음이 분명하다. 정수사는 조선 초 함허기화1376~1433
스님에 의해서 크게 중창되었다. 보물로 지정된 정수사 법당도 함
허 스님이 중건했다고 전한다. 절 앞의 계곡 이름이 '함허동천涵虛
洞天'일 정도로 그가 정수사에 미친 영향은 컸다. 그는 조선 초 숭
유억불의 시대에 유불조화론을 주장했다. 「현정론」과 「유석질의
론」 등의 저서를 통해서 편협된 당시의 불교관을 바로잡으려고 애
를 썼다.

　민족의 성산 마니산에 자리한 정수사는 김시습의 『십현담요해』
언해본을 간행하여 불교 대중화에 앞장섰던 사찰이다. 절 아랫마을
판서댁 이건창 가족이 주위의 시선을 의식하지 않고 소신껏 불화를
시주해 준, 열린 마음의 신도가 있었던 그런 유서 깊은 절이다.

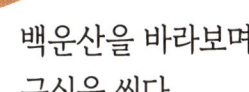

백운산을 바라보며
근심을 씻다

백운이란 이름을 가진 산이 수십 곳인데 오직 포천에 있는 것이 가장 빼어나고 그윽하다. 맑은 시내와 우뚝 솟은 바위, 빼어난 경치 등이 눈과 귀를 즐겁게 해주며, 그 속에서 성정을 도야할 수 있다. 게다가 흰 구름이 아침저녁으로 산봉우리에서 뭉게뭉게 피어나는 자태와, 흐렸다 갰다 하면서 변화하는 모습은 다른 산과 비교되지 않는다고 이민구1589~1670는 논평했다. 구름은 피어나서 다함이 없고, 항상 변하여 경관이 더욱 아름다운 장점이 있다. 백운산白雲山이라 이름을 짓는 이유이다.

김시습은 백운산을 바라보며 근심을 씻었다.

봄 산 푸르름 물들인 것 같아 春山綠如染

바라보니 봄 시름 씻어주네 一望蕩春愁

골짜기에 덩굴 가득해 어두운데 谷密藤蘿暗

깊은 시내엔 풀과 나무 부드럽네 溪深草木柔

어지러운 구름 날아가다 흩어지고 亂雲飛自散

고목은 늙어 얽혀져 있네 古木老相繆

귀거래 하는 흥 절로 일어나니 爲有歸歟興

흰 바위 위에 푸른 소나무 있네 蒼松白石頭

불의한 세상에 분노하며 팔도를 유람하던 김시습은 포천 백
운산에 들렀다. 바라보며 지은 시이지만 아마도 흥룡사에 들러서
시름을 풀었을 것이다. 봄철의 돋아나는 무성한 풀이 위로를 해
준다. 산의 덩굴, 계곡의 나무들도 어루만져 준다. 인간은 상처를
주지만 산수는 상처를 어루만져 준다. 이내 귀거래 하고 싶은 마
음이 일어난다.

백운산 아래 살았던 김창협에게 산은 집안의 특별한 정원이
었다. 어느 날 우연히 흥이 나자 소를 타고 「백운산 유람기」를 남
겼다. 이밖에 허목1595~1682의 「백운산수기」, 남유용1698~1773의
「유동음화악기」, 오원1700~1740의 「영협일기」에서도 백운산에
대한 자세한 정보를 얻을 수 있다.

백운산에 있는 백운사는 예전부터 유명했다. 이민구의 「백운
사중수기」에 의하면 신라 말 도선 국사가 내원사를 창건했다. 이
후 1631년에 공사를 시작하여 10년 뒤에 일을 마치고 글을 구하
러 온 스님 도휘에게 이민구가 기문을 써서 주었다. 절이 내원사
에서 백운사로 바뀐 것이다. 이후 흥룡사로 바꾸었다가, 1922년
에 흑룡사로 고쳤고, 다시 흥룡사로 바꾸었다.

허목이 1668년에 지은 「백운산수기」를 보면 백운산에 많은
절이 있었다. 백운사에서 개울을 따라 조금 올라가면 조계폭포가
있는데, 위에 조계사가 있기 때문이다. 산에서 가장 높은 곳은 백
운사에서 동북쪽으로 5리 되는 거리에 있는 상선암 차지였다. 바
위 봉우리가 둘러싼 깊은 곳에서 늘어선 봉우리들을 바라보면 자
욱한 안개가 절경을 만들곤 했다. 그 아래에 견적사가 있었는데

백운산과 흥룡사

밭으로 개간되었다. 백운사에서 서남쪽으로 5리쯤 가면 보문사가 나온다. 조계폭포에서 3~4리를 올라가면 시내가 두 갈래로 갈라지는데, 동북쪽 골짜기를 태평동이라 하는 것은 물의 근원지에 태평암이 있었기 때문이다.

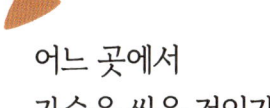

어느 곳에서
가슴을 씻을 것인가

화악산, 관악산, 감악산, 송악산, 그리고 운악산을 경기 오악이라고 한다. 그중 운악산은 현등산이라고도 부른다. 운악산은 바위산이다. 정상인 만경대를 중심으로 남쪽 철암재로 뻗은 능선은 비교적 완만하다. 동쪽 능선은 입석대, 미륵바위, 눈썹바위 등이 아슬아슬하다. 만경대는 궁예와 왕건이 패권을 다투던 싸움터였다는 전설이 전해지며, 성터가 남아 있다. 궁예는 나라를 빼앗긴 한을 풀기 위해 운악산과 마주 보이는 국망봉에 올라 이곳을 바라보았고, 그의 처 강씨는 동쪽 건너편 강씨봉에서 목을 매어 자결했다고 바람이 들려준다. 남쪽 멀리 능선 좌측으로 현리가 한눈에 들어온다. 그 뒤로 중미산, 화야산, 용문산이 줄지어 서 있다. 서쪽으로는 포천 땅이 한눈에 들어온다. 주금산, 숙령산 등이 연결된다. 북으로는 멀리 명지산과 화악산이 까마득하다.

김시습은 팔도를 유람하다 운악산을 바라보며 시를 짓는다.

현등산 산빛은 푸른빛이 어지럽고 懸燈山色碧參差
하얀 바위 푸른 등나무 또한 절묘하네 白石蒼藤又一奇
어느 곳에서 가슴을 씻을 것인가 我欲盪胸何處是
층층 벼랑 골짝에 무지개 나는 곳이네 層崖絶壑玉虹飛

김시습은 가슴속 웅어리를 씻으려 전국을 유람하였다. 운악산은 수심을 씻을 만한 곳이었다. 우뚝 솟은 바위산에 울창한 나무, 그 사이로 폭포까지 있으니 치유할 만하였다.

김시습 이후 선인들은 꾸준히 운악산을 찾았다. 김육1580~1658은 청평리에 은거할 때 운악산이 아주 기이한 절경이라고 듣고 산을 찾은 적이 있었다. 나막신을 신고 올라가서, 드디어 문수사에 이르렀다. 그곳에는 8, 9명이 가부좌를 하고 불경을 외우고 있었는데, 그들 가운데서 설법을 주도하는 사람은 득일得一이었다. 성대중1732~1812은 「운악에서 놀며 사냥한 기록」을 『청성집』에 남겼다. 1772년 그믐달에 지인을 따라 운악산 서쪽에서 사냥하였다. 밤에 산사에서 잤는데, 종소리와 목탁 소리가 한데 어울려 울려 퍼졌다. 성해응1760~1839은 운악산을 유람한 기록을 「유현등산기」에 담았다. 경기 동쪽의 명산으로 보개산과 현등산, 백운산을 언급하며, 1811년 늦가을에 지인과 현등사로 유람하였다.

현등사는 신라 법흥왕 때 인도승 마라가미가 포교차 신라에 오자, 그를 위해 절을 창건하고 산 이름을 운악산이라 하였다고 전해진다. 1210년에 보조 국사가 주춧돌만 남은 절터의 석등에서 불이 꺼지지 않고 있음을 보고 중창하여 현등사라 했다. 일설에는 보조 국사가 도봉산 원통암에 있을 때 동방에서 3주야간이나 빛을 발하고 있었으므로 이곳까지 찾아왔더니 잡초 우거진 곳에 관음당이 있었고, 곁의 석등에서 빛이 발하고 있었다고 한다. 그 뒤 1411년태종 11에 함허 화상이 운악산 부근에서 길을 잃

현등사

었는데, 홀연 흰 사슴이 나타나 길을 인도하므로 따라가 보았더
니 흰 사슴은 보이지 않고, 그곳에 옛 절터가 있었으므로 크게
중건하였다. 세종의 아들인 평원대군과 예종의 아들인 제안대
군 등 3대군大君의 원당을 삼고 위패를 봉안하였다. 대군위실은
현재 남아 있지 않다. 현판과 위패만 현재 지장전 안에 모셔져
있다.

신선마을
무릉도원

1635년 3월에 김상헌1570~1652은 가평 초연대에 오른다. 주변
의 경관을 조망하고 글을 남긴다.

가평군을 지나서 초연대 아래에서 말에게 꼴을 먹이고, 대 위에 올라
가 바라보면서 서성거렸다. 왼쪽에는 강이 있고 오른쪽에는 시내가
있다. 초연대 앞에서 서로 합쳐지는데, 높은 물결과 빠른 물살이 물
방울을 튀기면서 콸콸대며 흐른다. 동쪽에는 삐죽삐죽 솟은 산봉우
리가 겹쳐 있고, 서쪽과 남쪽에는 거친 들판이 펼쳐져 있다. 지세가
높이 솟아 있어 내려다보니 아득하고 섬뜩한 기분이 들어 오래도록
있을 수가 없다.

초연대에 올라 남쪽을 바라봤을 때, 왼쪽에 있는 강은 춘천에
서 내려오는 북한강이다. 오른쪽의 시내는 가평천이다. 강과 시
내가 만나는 곳은 여울이다.

정약용은 이곳을 '곡갈탄'이라 기록한다. 돌이 험하고 여울이
거세어 물결이 집채만 하다고 적는다. 김상헌의 묘사와 비슷하다.
동쪽에 삐죽삐죽 솟은 봉우리는 명태산과 석지산이다. 남쪽으로
달전리가 넓게 펼쳐졌다. 서쪽으로 가평 읍내가 오밀조밀하다.

초연대에서 밑을 바라보면 아득하여 절로 뒷걸음치게 만든다. 멀리서 초연대를 바라보면 물 위에 우뚝 솟아오른 것이 마치 속세에서 벗어나 현실에 구애되지 않는 기상을 느끼게 한다. 그래서 초연대超然臺라 불렀다. 초연대를 바라보고 있노라면 세상의 자잘한 일들에 더 이상 마음이 흔들리지 않고 초연해진다.

김지남1559~1631은 가평의 모정팔경 중 하나로 '초연대의 저물녘 풍경[超然暮景]'을 꼽고 시를 읊었다. 곽열1548~1630의 가평팔경 중에도 '초연대의 낙조[超臺落照]'는 한 부분을 차지했다. 초연대를 지나가는 이들은 이곳을 오르거나, 지나가면서 시를 짓지 않을 수 없었다.

가평의 옛 이름은 가릉嘉陵이다. 아름다운 구릉인 가릉은 언제부터인지 가평으로 변했다. 협곡을 통과하던 사람은 갑자기 펼쳐진 넓은 고을을 보고 환호했으리라. 게다가 옆과 뒤로 푸른 산이 병풍처럼 둘러싸고 있으니 한 폭의 동양화다.

고목에 구름 같은 아지랑이가 피어 老樹靄如雲
옛 고을의 성문을 겹겹이 둘러쌌네 重圍古縣門
푸른 들판엔 밭갈이하는 농부 有人耕綠野
황혼이 지는데 짖는 개 하나 없네 無犬吠黃昏
나무꾼 산길은 산기슭 따라 나 있고 樵逕依山麓
사립문이 강변마을 옆으로 통하네 柴扉傍水村
관아 아전은 잠들고 새들만 지저귀니 吏眠山鳥語
마을풍경이 신선마을 무릉도원 같네 風景似桃源

자라섬과 가평

김시습은 초연대에서 시를 지은 것 같다. 초연대에서 바라본 가평의 풍경은 고요하다. 저녁 무렵이라 문은 잠겨있고, 개 짖는 소리조차도 들리지 않는다. 강변 옆 촌가의 저녁은 점점 깊어진다. 고단한 나그네의 신세지만, 하룻밤 유숙할 곳이 없지만, 가평은 신선이 사는 마을처럼 보인다. 무릉도원이 따로 없다.

갈림길에 서면
애가 타누나

가평에서 출발해 청평으로 가는데 고개가 가로막는다. 고개는 언제나 높고 험하다. 고개의 이름을 물어보니 빛고개라고 한다. 직선으로 뚫으며 폭도 넓힌 지 오래다. 예전에는 산세를 따라 구불구불 넘어야 했다. 빛고개를 한자로 쓰면 색현色峴이다. 높은 언덕을 비껴 넘는 고개라는 의미로 빗고개라 부르기도 한다. 고개를 넘기 전 마을이 상색리이니 빛고개가 맞는 것 같다.

『대동여지도』에는 색치色峙라 표시하였다. 『대동지지』는 색치가 서울로 통하는 길이라 알려 준다. 정약용의 『산수심원기』에도 색치가 등장한다. 『여지도서』에는 빛고개[色峴]가 불기산의 동쪽에 있으며 태봉胎峯에 봉해졌다고 기록한다.

태봉은 태를 안장한 태실이 있는 봉우리이다. 조선 제11대 왕 중종의 태를 안치한 태실이 빛고개 주변에 있는 것을 기록한 것이다. 태는 태아의 생명력을 부여한 것이라고 인정하여 출산한 뒤에도 함부로 버리지 않고 소중하게 보관하였다. 태를 보관하는 태실은 항아리에 안치하는 것이 통례이지만, 왕세자나 왕세손 등 다음 보위를 이어받을 사람의 태는 석실을 만들어 보관하였다. 중종 태봉은 1507년중종 2에 왕의 태실로서 격식을 갖추어 석물이 설치되었다. 이때 태실이 있던 가평현이 가평군으로 승격되었다. 이때

의 일이 『조선왕조실록』에 기록되었다. 중종 2년1507 10월 16일
의 기록이다. "경기 가평현을 올려 군으로 삼고, 현감 유면을 체임
시켰으니, 이곳은 주상의 태실이 있는 곳이다."

일제 강점기인 1929년 전국에 산재한 태실 54기를 한곳에 모
아 관리한다는 방침에 따라 경기도 고양시 서삼릉으로 옮겼는데,
이 과정에서 석물들이 흩어지게 되었다. 1987년에 원래의 자리인
현재 위치로 옮겨 복원하였다.

김시습은 상색리를 지나는 중이다. 때마침 소나기가 내렸다.

소나기로 앞마을 어둡더니 驟雨暗前村

시냇물 온통 흐릿하네 溪流徹底渾

첩첩 봉우리 나그네 눈을 막고 疊峯遮客眼

깊은 골짜기 한 줄기 길 있네 一徑入溪源

풀밭에 누런 송아지 잠들었고 靑草眠黃犢

낭떠러지엔 흰 잔나비 울부짖네 蒼崖叫白猿

십 년 세월 남북으로 떠다녔건만 十年南北去

갈림길에만 서면 애가 타누나 歧路正銷魂

마지막 연이 가슴에 걸린다. "십 년 세월 남북으로 떠다녔건
만, 갈림길에만 서면 애가 타누나" 이제 나그네 신세가 익숙해질
때도 되었다. 유랑에 나선 지 수십 년이 되었다. 그러나 갈림길에
만 서면 혼이 녹아 없어질 정도도 애간장이 탄다. 갈림길은 고갯
길이지만 김시습 앞에 놓인 인생길이기도 하다.

빛고개

탄식하노니
세상일이여

　빛고개를 넘은 김시습은 한양으로 향했다. 고개 아래는 상천리다. 예전에는 감천역이 있었던 마을이다. 임금이 길을 지나다 목이 말라 물을 마셨는데, 물맛이 좋아 감천甘泉이라 부르게 되었다. 감천역은 상천역으로 이름을 바꿨고, 말 대신에 기차가 오간다. 상천리는 자연 부락으로 감전, 무지골, 수리재, 작은멧골, 초옥동 등이 있다. 맛이 좋은 샘이 있어서 감전이라고 불렀고, 감천으로 변했다가 상천이 되었다.

　김상헌은 1635년 봄에 춘천으로 여행을 떠났다. 대성리에서 쉬고 청평을 거쳐 상천리에 닿았다. 「청평록」의 기록이다. 역 앞 느티나무는 오고 가는 길손의 휴식처였다.

　청평제清平堤와 잠실蠶室과 감천역을 지났다. 역 앞에는 늙은 느티나무가 몇 이랑이나 되는 넓이로 그늘을 드리우고 있다. 옛날 이곳에 도착하여 더위를 피했는데, 나무 속을 불로 그슬러 가지가 반쯤 말라 죽어 있어 지난날의 모습을 다시는 볼 수가 없다.

　김창협은 1696년 8월부터 9월 사이에 원주와 청평을 거쳐 한계산을 유람하고 돌아왔는데, 그때의 여정을 날짜별로 기록한 기

감천

행문이 「동정기」이다. 여기에 감천역이 잠깐 비친다.

> 고개를 지나 깊은 골짜기 속을 가는데, 산세가 구불구불하여 시내
> 하나를 8, 9차례나 건너야 했다. 울퉁불퉁한 길을 20여 리쯤 가자
> 비로소 큰길이 나타났다. 감천역에서 말에게 여물을 먹이고 가평군
> 을 지나 초연대에 올랐다.

포천에서 가평 조종면을 지나 춘천으로 가는 중에 감천역에
서 말이 여물을 먹었다. 이항복1556~1618의 시에도 감천역은 등장
한다. 1613년에 탄핵을 당하자 지팡이 하나 들고 산수 속을 거닐
었다. 한 번은 평상복으로 나귀를 타고 춘천으로 향했다. 감천역
의 주인이 매우 친절하게 대접해 주었다.

상천4리 마을회관 앞 감천정이라는 정자는 마을 사람들의 휴
식처다. 제법 자란 버드나무는 예전처럼 그늘을 만들어 주었다.
정자 앞에 천하대장군과 지하여장군이 나란히 서 있다. 마을의
역사가 이곳에 모여있다. 김시습의 발길도 이곳에 머물렀다.

> 나그네 길에 귀밑머리 희어지고 客路雙鬢星
> 긴 역 지나니 다시 가까운 역 長亭復短亭
> 구름 바라보면 어찌나 아득하고 望雲何縹緲
> 그림자 돌아보니 너무 고독하네 顧影大伶俜
> 오래된 버드나무 가닥가닥 푸르고 古柳千絲碧
> 먼 산 한 가닥 터럭처럼 푸르네 遙岑一髮靑

탄식하노니 사람의 세상일이여　還嗟人世事

누가 굴원이 깨어있는 줄 알겠나　誰識屈原醒

　구름이 '표묘縹緲'하다는 것은 끝없이 넓거나 멀어서 있는지
없는지 알 수 없을 만큼 어렴풋한 상태다. '영빙伶俜'은 고독하거
나 외롭다는 뜻이다. 세상사가 쉽지 않음을 알려주는 시어다. 김
시습은 자신을 굴원에 비유한다. 충성을 다하여 나라를 도우려다
가 간신들의 모략으로 쫓겨난 굴원은 고향으로 돌아갔다. 그가
지은 어부사의 "모든 사람이 다 취해 있는데 나 홀로 깨어 있다[衆
人皆醉我獨醒]"라는 구절이 떠올랐다. 김시습의 상황이 그렇지 않
은가. 임금이 마셨다는 샘물은 빛고개 아래에 있다.

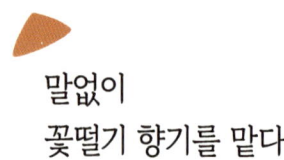

말없이
꽃떨기 향기를 맡다

김상헌은 1635년 3월 8일 가평군 청평리 일대를 지나간다. 「청평록」의 기록이다.

비를 무릅쓰고 석실을 출발하여 차유령을 넘어 계산리 굴운역을 지나갔다. 강을 끼고서 가다가 대생촌의 최씨 별장에서 쉬었다. 고 흥숙興叔 어른의 별장으로, 돌밭에 띠풀 집이 산을 등지고 물가에 임해 있어서 의연히 산양山陽의 감회가 일어났다. 청평제淸平堤와 잠실蠶室과 감천역을 지나갔다.

잠실을 지나갔다는 대목이 눈길을 끈다. 『신증동국여지승람』은 가평현의 잠실에 대해 이렇게 설명한다.

조종현 남쪽 톱절[土畜寺伊里]에 있으니, 현에서 22리이다. 뽕나무 2만여 주를 심고, 부근 각 고을의 각 관청 노비 50여 명을 시켜 누에 치는 일에 이바지하게 한다.

김상헌이 지나친 잠실과 『신증동국여지승람』이 설명하는 잠실은 동일한 것 같다. 그러면 잠실이 어디일까? 1910년대에 작성

된 지도를 보면 청평리를 장곡리長谷里로도 표기하고 있다. 둘 사이에 관계가 있지 않을까.

김시습은 「잠실」이란 시를 짓는다.

십 년 동안 나그네 되어 동서로 다녔더니　十年爲客走西東
내 처지가 길가의 쑥대 같구나　身世都如陌上蓬
세상 살아가는 길 험하고 위태하니　行路世途俱嶮巇
말없이 꽃떨기 향기 맡는 것만 못하리　不如無語嗅花叢

잠실이 잠곡潛谷으로 변했을 것이다. 이곳에 호가 잠곡인 김육1580~1658이 살았다. 청평리에 조세개혁과 대동법을 시행한 김육의 자취가 남아 있다. 김육의 젊은 시절은 고통의 연속이었다. 15세 때 아버지를 잃었으며, 21세 때 어머니를 잃었다. 인부를 살 돈이 없어 자신이 직접 무덤을 파고서 장사 지냈다. 그런 가운데서도 부지런히 공부해 25세 때 사마시에 장원으로 급제해 명성을 날렸다. 그러나 문묘배향 문제를 놓고 싸움을 벌인 끝에 대과 응시 자격이 박탈되었고, 잠곡에서 살았다. 다음 해에 해제되었지만, 벼슬길에 나가는 것을 단념하였다. 남의 소를 빌려 손수 밭을 갈던 그가 다시 기회를 잡은 것은 인조반정 이후였다. 마흔넷이란 늦은 나이에 천거를 받아 벼슬을 시작하였고, 청요직을 거치면서 효종 대에는 영의정까지 올랐다.

임진왜란과 병자호란 이후 국난기에 김육은 분야를 가리지 않고 개혁책을 건의하였다. 심혈을 기울인 개혁은 대동법의 확대

시행이었다. 세금 제도를 바꾸어 민생을 도모하는 대동법을 삼남에 확대하는 일은, 그가 우의정이 되어서야 비로소 시행되었다. 대동법 말고도 민생과 복리를 위해 노력하였다. 수차와 수레를 사용하여 생산력을 높이려 했고, 은광을 개발하고 점포를 설치하여 상공업을 진흥하려 했다. 도시에서 화폐를 유통하고 전국으로 확대하여 시장경제의 활성화를 꾀했다. 실학자 박제가는 "김육은 평생 오로지 수레와 화폐 사용 두 가지 시책을 위해 노력하고 마음을 썼다."라고 말할 정도였다.

　새로 단장한 도서관 앞에 네모반듯하게 울타리를 세우고, 그 안에 잠곡 선생 김육 추모비를 세웠다. 김육이 경작했을 벌판엔 청평역이 새롭게 들어섰고, 조종천은 말없이 청평을 휘감고 돌아간다.

잠곡 선생 김육 추모비

김시습,

다시 관동 지방으로

방랑의 길에 나서다

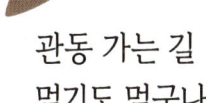

관동 가는 길
멀기도 멀구나

　　한양을 출발한 김시습은 왕십리에서 시를 한 수 짓는다. 도성을 벗어나 경기도에 접어들었다. 팔당 근처에서 「도미협」을 지었다. 문집에 실린 다음 작품은 양평으로 가면서 지은 「용진나루를 건너며」이다. 관서 지방과 금강산을 유람하고도 울화와 슬픔이 짓눌렀다. 울화를 씻어내기 위해 관동으로 발길을 돌렸다. 한양이 지척으로 보이는 도미협에서 만감이 교차했다. 긴 시를 지을 수밖에 없었다.

　　도미나루 물은 이끼보다 파란데　渡迷之水青於苔

　　관동 가는 길 멀기도 멀구나　關東道路何遼哉

　　지팡이 비스듬하게 메고 돌아보지 않으며　橫擔榔㮚不顧人

　　맑은 강 그림자 속에 부질없이 배회하네　清江影裏空徘徊

　　강물 강에 핀 꽃 눈에 아른거리고　江水江花眼底迷

　　쌍쌍이 나는 갈매기와 술잔을 함께 하네　兩兩白鷗同浮杯

　　나는 본래 담박하고 호탕한 사람　我曹自是淡宕人

　　만 리를 내 집 삼으니 마음 넓어라　為家萬里心恢恢

　　지팡이 의지해 골짜기 사이 가며　杖藜扶我峽中走

　　노래하고 웃다 괜스레 머리 드네　放歌大笑空翹首

살아생전 벼슬도 바라지 않고   不願簪笏絆身前

죽어 명성 남기기도 원하지 않네   不願芳聲耀身後

짚신 해지게 떠돌다 스러지려니   直將消底破芒鞋

오직 바라는 건 은자로 기억되는 것   長願掛名匡廬阜

솜 같은 봄 구름에 춘풍 일렁이면   春雲如絮春風起

훌쩍 소매 너울대며 강물 건너지   飄飄兩袂渡江水

때마침 흰 새 한 쌍 날아가더니   時見一雙白鳥飛

해맑은 강가에서 울며 날 기다리네   相鳴遲我淸江沚

      남한강과 북한강 물줄기가 만나면서 비로소 한강이 시작된다. 두물머리를 지난 물은 한양을 향해 흐른다. 검단산과 예봉산 사이 협곡을 지나면서 물살은 세고 빨라졌다. 그곳을 두미협이라 불렀다. 김시습이 시를 지은 도미협이 이곳이다. 김종직은 「도미협으로 들어가다」란 시에서 "도미협 어귀 강은 괸 물 같은데, 폭풍이 갑자기 부들 돛과 전쟁 하네. 사공은 한 자 나갔다 여덟 자 후퇴하니, 배와 함께 애타는 간장 얼마나 돌고 돌았던고"라고 읊었다.

      도미협에 나루터가 있어서 도미나루라고 했다. 『신증동국여지승람』은 광주목에서 고을 동쪽 10리에 있다고 설명한다. 나루터의 북쪽 벼랑에 낸 돌길을 도미천渡迷遷이라 했다. 물 언덕 돌길을 천遷이라 불렀다. 권우는 도미천을 읊은 시에 "구불구불 사닥다리 길 비켰는데, 가다가 길 다한 곳에 사람 집이 있구나"라고 했다.

팔당댐 밑 도미협

양수리 건너편 마을인 능내리에 살았던 정약용은 한양을 드나들기 위해서 도미협을 통과해야만 했다. 그의 시에 도미협이 자주 등장하는 이유다. 이벽을 따라 배를 타고 내려가면서 서교西敎에 관한 얘기를 듣고 책을 본 곳도 도미협이었다.

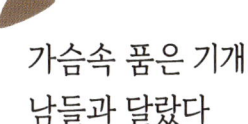

가슴속 품은 기개
남들과 달랐다

북한강 자전거 길을 따라 능내리에서 청평으로 향한다. 춘천 까지 연결된 길은 자전거 라이더들이 손꼽는 환상의 코스이다. 북한강을 바라보며 달리는 길은 곳곳이 아름다워 멈추게 한다. 용진나루터를 알려주는 표지석이 눈길을 끈다. 용진나루터는 남 양주시 송촌리와 양평군 양수리를 연결하는 나루였다. 서울에서 경상도 북부 지역으로 가고자 할 때 주로 이용하였다. 조선 시대 에는 군사가 있던 장소였다. 남한강과 북한강이 만나는 지점에서 왕래하는 배들을 관리하던 군사적 요충지였다. 팔당댐의 준공으 로 인하여 나루터가 수몰되어 사라지게 되었고, 지금은 나루터였 다는 것을 알리는 비석만이 서 있다. 외로운 비석 옆에 매어놓은 빈 배도 나루터였다는 것을 알려준다.

김시습은 이곳에서 「용진을 건너며」를 짓는다.

맑은 강 아득히 푸른 못처럼 흐르는데 澄江淼淼碧潭沱
그 가운데 백구 있어 나처럼 한가롭네 中有白鷗閑似我
푸른 물결에 몸 맡기고 아무 생각 없이 出沒淸波無个心
나루에서 하염없이 휘젓는 소리 듣네 慣聽渡口中流柂
구우구우 까악까악 쌍쌍이 울며 咬咬嘎嘎兩兩鳴

어렴풋이 좋아 돛단배 위를 나네 恍然逐我凌風舸

사공도 찬 기운 몰아치는 봄바람 피해 篙工赤憎擘柳風

귀 가린 털 갓에 갓끈 아래로 늘어뜨렸네 耳掩毛冠纓下亸

호탕하게 중류에서 뱃노래 부르는데 浩然中流發棹歌

강 위 봄꽃 어찌 그리 아름답나 江上春花何婀娜

세상 버리고 이곳저곳 떠돌 때부터 自從遺世西復東

가슴속 품은 기개 남들과 달랐네 胸中氣槩多磊砢

끝내 어떤 물건도 얽히고설킬 뿐 畢竟底物爲保伍

강 건너 푸른 산천 일만 송이 피었네 江外碧峯千萬朶

삿갓을 쓰고 패랭이를 입었다. 대나무 지팡이를 짚고 헐렁한 바랑을 걸쳤다. 여러 곳을 다니며 수행하는 중의 행색이다. 한양에서는 이름만 대면 다 알 정도로 유명하지만, 서울을 떠나 관동으로 향하는 김시습을 알아주는 이 없다. "푸른 물결에 몸 맡기고 아무 생각 없이, 나루에서 하염없이 강물 휘젓는 소리 듣네" 알아주는 이 없어도 마음은 한가롭다. 한양을 떠난 지 며칠 안 되어서인지도 모른다. 한양을 떠날 때의 근심은 보이질 않는다. 무심하다. 다리는 아프고, 친구가 생각날 법도 하지만 미련이 없다. 오히려 봄꽃이 아름답게 보인다. "세상 버리고 이곳저곳 떠돌 때부터, 가슴속 품은 기개 남들과 달랐네" 후회하는 마음이 불쑥불쑥 들고, 갖가지 생각이 끝과 끝을 오갈 법도 하다. 김시습에게선 보이지 않는다. 왜 그럴까. 아마도 자존심 때문이 아닐까. 남들과 다르다는 생각은 그를 지탱해 주는 힘이다. 5세 때 세종 앞에 나

용진나루

가 시를 짓던 강렬한 기억도 생생했을 것이다. 불의를 참지 못하는 기상 또한 남들과 구별 짓는 그의 특징이다.

송촌리 일대는 배나무가 많아 나루 이름을 배용진이라고도 했을 정도로 봄철에 꽃이 대단했다. 예전에는 배꽃이 하얗게 덮었지만, 지금은 비닐하우스가 하얗게 빛나며 딸기 냄새를 풍긴다.

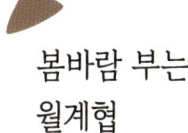

봄바람 부는
월계협

정초부鄭樵夫가 있었다. 나무를 시장에다 팔아서 정초부라고 불렀다. 그는 날마다 낮에는 나뭇짐을 해오고 밤에는 주인을 모시고 잤는데, 곁에서 독서하는 소리를 듣고 바로 외웠다. 주인이 기특하게 여겨 자제들과 함께 글을 읽도록 했다. 과거시험에 필요한 시를 잘 지어 주인집 자제들이 도움을 받았다. 그 대가로 양인이 되었다. 하루는 군수가 듣고서 그를 불러 시를 지어보라 했다. 바로 시를 짓자 군수는 크게 칭찬하고 쌀을 하사하였다. 그로부터 정초부의 이름이 세상에 두루 퍼졌고, 사대부들이 다투어 시를 주고받고 싶어 했다. 정조 시대의 이야기다.

양평군 신원리에 정초부 지겟길을 만들었다. 신원역에서 출발해 남한강 자전거 도로를 따라가다가 힐링지유의 숲으로 이어지는 길이다. 신원역에서 몽양 여운형 기념관과 정초부가 살았던 초당을 지나 강한정으로 가는 길은 '마을길 코스', 신원역에서 부용산 정상을 거쳐 초당을 연결하는 길은 '숲길 코스'다.

조선시대 신원리에는 월계원이 있었다. 용담리에서 신원리에 이르는 평해로 구간에 부용산 자락을 통과하는 벼랑길이 있었다. 이 길이 악명 높은 월계천月溪遷이다. 『신증동국여지승람』은 양평군에서 "월계천은 군 서쪽 30리에 있다. 산 중턱에 꼬불꼬불 둘러 있고, 아래로 강물을 굽어보고 있다."라고 기록하고 있다. 천遷은 벼랑길을 뜻한다. 벼랑길이 있는 곳은 대부분 협곡으로 이루어졌다.

이곳은 월계협月溪峽으로도 유명했다. 남효온은 「월계협에서 비를 만나다」를 지었다. "강 북쪽 돌산에는 가을 뒤의 나무요, 강 남쪽 주막에는 한낮의 닭 울음이라. 지친 노새와 옛 잔도엔 비낀 바람 거센데, 가랑비 부슬부슬 맞으며 월계를 건너가네"라고 노래했다. 이민구는 「월계협」이란 시에서 "양쪽 언덕 단풍 숲 가을 그림자 속을, 물은 서쪽으로 가고 나는 동쪽에서 왔노라"라고 흥얼거렸다. 조선시대 문인은 육로인 관동대로와 수로인 뱃길을 통해 한양으로 오고 가며 시를 지었다. 김시습도 강원도로 유람가는 중이라 이곳을 지나며 「월계협」이란 시를 지었다.

봄바람 부는 골짜기 길 험한데　東風峽路惡

작은 비에도 배꽃이 떨어지네　小雨落梨花

강 위에 비친 산은 창날처럼 뾰족뾰족하고　江上山如戟

바위 근처 나무는 짐승 어금니처럼 솟았네　巖邊樹似牙

사람이 사는 집은 푸른 물가에 의지해 있고　人家依淥水

말의 발자국은 비 갠 모래사장에 박히네　馬跡印晴沙

사닥다리 보충한 험한 산길 언제나 끝날까　棧道何時盡

푸른 산봉우리에 해는 막 비스듬히 넘어가네　蒼峯日政斜

정초부 초당

월계원이 월계천을 넘어가기 전에 쉬어가기 위한 쉼터라면, 반대편인 용담리에도 쉬어가던 기두원이 있었다. 한양으로 공물을 싣고 가던 배가 쉬던 월계나루도 있었다. 정초부가 머문 곳은 월계협이었다. 그곳에서 시를 짓곤 했다. "글로 쌓은 명성 늙어서도 나무하니, 두 어깨에 가을빛 쓸쓸하네. 산바람 장안길로 불러들면, 새벽녘에 동성 제2교에 이를 테지"「땔나무를 팔다」이다. 월계협에서 조선 전기의 시인인 김시습과 조선 후기의 시인인 정초부를 만난다.

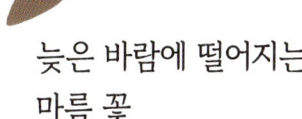

늦은 바람에 떨어지는
마름 꽃

여주의 아름다운 풍광을 노래한 여주팔영을 아시는가. 서거
정은 여강驪江·나룻배渡舟·팔대수八大藪·벽사甓寺·마암馬
巖·영릉英陵·청심루淸心樓·연사烟寺를 여주의 대표적인 명소
여덟 군데로 꼽았다. 그 중 '벽사甓寺'는 신륵사이다. 배를 타고
남한강을 유람하던 이들은 강월헌이 있는 바위인 동대에 곧장 배
를 대고 오르기도 했다. 동대는 신륵사에서 가장 즐겨 찾는 장소
였다. 동대에 앉아 강에 비치는 달빛을 바라보는 것이 풍류의 하
나였다.

절은 소나무 전나무 담쟁이로 숨었는데 梵宮松檜暗藤蘿
문밖의 검푸른 물가에 노 젓는 노랫소리 門外滄洲聽棹歌
학 깃든 가지에 산 위 달은 깨끗하고 巢鶴枝邊山月白
바위에 숨은 용과 물가 구름 아름답네 蟄龍巖畔渚雲多
용은 멀리 단풍 푸른 언덕을 건너니 蒲牢遠渡靑楓岸
사찰에서 멀리 백조 움직임 보이네 金刹遙看白鳥波
저물어 난간 의지해 머리 돌려 바라보니 薄暮倚欄回首望
늦은 바람에 떨어지는 마름 꽃 푸르구나 晩風搖落綠蘋花

김시습이 신륵사에 도착한 시기는 저물녘이었다. 용마龍馬에 대해 들었을 것이다. 김시습은 「신륵사」에서 용만 언급한다. 사나운 용이 아니다. 바위에 숨은 용이다. 사납게 날뛰는 용 대신에 온순한 용이 등장한다.

신라 진평왕 때 원효가 신륵사를 창건하였다. 고려 말인 1376년에 나옹화상이 머물렀던 곳으로도 유명하다. 1472년에는 세종과 소헌왕후 심 씨의 합장릉인 영릉의 원찰로 삼으면서 보은사라고 불렀다. 신륵사의 유래는 두 가지 설이 전해지고 있다. 하나는 나옹화상이 신기한 굴레로 용과 말을 막았다는 설이다. 용은 구름 속을 날며 비를 불러와 물과 깊은 관련을 갖는 동물이다. 용마가 출현하여 사납게 날뛰었다는 것은 강물이 범람하여 휩쓸었다는 것을 상징한다. 고려 고종 때 건넛마을에서 용마가 나타났다. 걷잡을 수 없이 사나워서 붙잡을 수 없었다. 이때 인당대사가 나서서 고삐를 잡자 순해졌다. 신이한 힘으로 말을 제압하였다 하여 신륵사라고 했다는 것이 또 다른 설이다. 벽사甓寺라 부르기도 하였는데, 동대 위에 탑을 벽돌로 쌓았기 때문이다.

1788년 가을, 정조의 명을 받들어 김홍도와 김응환은 동해안을 두루 돌아다니며 산천을 그린다. 이때 정조는 지방 수령들에게 필요한 물자를 부족함이 없이 준비해 주라고 특별히 지시하였다. 그림을 그려오라는 명을 내린 이유는 금강산과 관동팔경을 보고 싶었기 때문이었다. 그들은 먼저 여주 신륵사에 들렀다. 김홍도의 그림에는 남아 있지 않지만, 그의 그림을 본떠 그린『금강산도권』과『와유첩』등에 신륵사가 들어있다. 신륵사

신륵사 강월헌

를 조망하기에 적당한 곳은 배다. 남한강에 배를 띄우고 배 안에
서 절을 바라보는 풍경이 제일 뛰어나다. 천년고찰 신륵사와 동
대탑 등의 전경이 잘 묘사되어 있다. 김홍도의 그림도 이러하였
을 것이다.

아지랑이 섞이어
저무는 강

여주 신륵사 앞을 흐르는 남한강을 여강驪江이라 부른다. 정조
가 사랑했던 정약용은 여강 물길을 따라 여러 차례 여행하였다. 충
주는 정약용의 조부와 조모, 아버지와 어머니가 묻힌 곳이다. 정약
용은 삶의 중요한 순간마다 충주를 방문했고 들리는 곳마다 다수
의 작품을 남겼다. 어릴 때부터 명절에 성묘를 다니던 곳이며 과거
에 합격하고도 찾았다. 부모님이 돌아가신 후 시묘살이하였고, 귀
양길에도 이곳을 거쳐 갔다. 여강을 따라 배로 여행하다가 여주에
서 「청심루에 올라가」를 짓는다. "수양버들 제방 위에 단청 누각
해맑은데, 곱디고운 맑은 강 비단 무늬 깔렸네" 수양버들 우거진
강둑에 있던 청심루에서 바라본 여강의 풍경이 눈에 보인다.

정조의 명을 받고 그림을 그리기 위해 여행을 나선 김홍도의 발
걸음이 여주에 닿았다. 여강에서 여주 관아와 청심루를 그렸다. 배
안에 있는 유람객은 청심루에 앉아 있는 선비들을 바라보고 있다.

청심루는 여강 가에 자리 잡았던 누각으로, 여강을 구경하는
최적의 장소였다. 누각에서 바라보는 경관이 아름다워 이색, 정
몽주, 정추, 김구용 등 많은 문인이 찾아와 놀며 시를 읊었다. 여
주 목사를 지낸 최숙정은 중국의 유명한 악양루와 황학루도 청심
루의 빼어남에 고개 들지 못한 정도라 노래할 정도였다. 신익성

은 「금강산유람소기」에서 청심루를 이렇게 평가한다.

> 섬강과 여강 일대에는 누각과 정자의 빼어난 경치가 없는데, 청심루
> 에 이르러서야 자못 시야가 트인다. 용문산의 산세가 멀리까지 뻗어
> 있는 것이 보인다. 목은 이색이 남긴 자취가 있어 오랫동안 나그네로
> 다니는 이의 회포를 달래기에 충분하다.

『동국여지지』는 임원준의 기문을 인용하여 "벽사甓寺가 강 가
운데 그림자 어른대고, 마암馬巖이 중요한 데에서 물을 막아섰으
니, 실로 도읍지 한양의 상류요 경기지방의 명승지로다."라고 하
였다. 여강의 풍경을 완상할 수 있는 청심루에 대한 설명이다.

김시습은 여주에 이르러 「여강에서 어부에게 주다」란 시를
남긴다.

> 여주를 흐르는 강 강물의 잔물결은 또한 맑은데   驪江之水淸且漣
> 물결도 없이 맑고 깨끗하여 푸른 하늘이 잠겼구나   澄淨無波涵碧天
> 멀고 아득히 먼 물가에 아지랑이 섞이어 저무는데   遙遙遠浦暮靄橫
> 고기 잡는 노랫소리에 빠지니 강 안개 쓸쓸하구나   漁歌聲入寒江煙
> (중략)
> 강의 강물은 도도하게 바다의 문으로 들어가는데   江水滔滔入海門
> 하늘과 땅 굽어보고 쳐다보며 한번 가리킴과 같네   俯仰堪輿如一指
> 안개 물결에 낚시하는 무리라 가히 더불어 말하며   煙波釣徒可與言
> 세상의 공적과 명예는 너희 무리에 가까우리라   世上功名徒爾爾

신륵사 동대

세상의 명리를 잊은 낚시꾼과 말할 수 있다는 것은 무슨 뜻인
가. 그들과 생각이 같다는 의미일 것이다. 불의한 세상에서 출세
하고 이익을 취하지 않겠다는 다짐이다. 너희 무리는 누구를 지
칭할까. 세조의 왕위 찬탈에 협조한 이들을 가리킨다. 그리하여
얻은 공과 명예는 정당하지 않은 방법으로 얻게 된 부귀[不義而富
且貴]이다. 그것은 나에게 뜬구름과 같다[於我如浮雲]. 『논어』의 한
구절이 떠오른다.

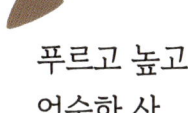

푸르고 높고
엄숙한 산

용문산의 본래 이름은 미지산이고 용문사는 절의 명칭이다. 경기도 내의 여러 산이 모두 산맥이 고단하고 지맥도 짧아서, 충만하고 깊고 웅장한 기운이 없다. 오직 용문산의 됨됨이는 크고 두터우며 중첩되어 골짜기가 매우 깊다. 바위는 여기저기에 모아져 있고 물은 여기저기서 쏟아져 내린다. 기이하고 가파르며 정밀하게 빼어난 장관은 없으나, 뼈와 살이 골고루 분포되고 재덕을 두루 갖췄다. 교묘하기로 말하면 너무 교묘한 금강산이나 흐리멍덩하기로 말하면 너무 흐리멍덩한 덕유산과는 같지 않다. 산을 아는 이들은 용문산을 귀하게 여긴다. 용문산의 특징을 낱낱이 드러낸 정약용의 용문산 평이다.

용문산 시비 공원에 용문산의 빼어난 풍광을 노래한 시가 곳곳에 새겨져 있다. 김시습의 시가 보인다. 정약용 이전에 용문산에 대한 평가다.

용문산은 푸르고 높고 엄숙하며 龍門山色碧稜稜

절은 쓸쓸한 안개 속 몇 층이나 되나 寺在寒烟第幾層

학은 홀로 달빛 어린 소나무에 깃들고 老鶴獨棲松嶺月

맑은 샘물 한가롭고 계곡엔 덩굴 淸泉閑澆虎溪藤

범종 소리는 두보 시에 깊이 잠기고　鐘聲老杜曾深省

물결 그림자에 물고기 뛰어올랐네　波影神魚已上騰

바람 타고 산꼭대기 넘으려고 하다가　我欲駕風凌絶頂

흰 구름 쌓인 속에 짚신만 허비했네　白雲堆裏費靑滕

"바람 타고 산꼭대기 넘으려고 하다가, 흰 구름 쌓인 속에 짚 신만 허비했네"라는 구절에서 정상까지 올랐을 것이라 짐작할 수 있다. 김안국1478~1543은 김시습이 오른 뒤 60여 년 후 정상에 올랐다.「용문산에 노닐면서 정상에 올라」를 보면, "걸음걸음 위태로운 돌길을 따라 오르니, 보면 볼수록 눈의 경계가 트이네. 한가로운 구름은 먼 포구에 아득하고, 나는 새는 먼 하늘로 사라 지네"라고 읊는다. 1526년 지은 것으로, 호탕한 기상을 노래하 고 있다. 허균은『국조시산』에서 "가슴까지 확 트인다."라고 평 했다.

구봉령1526~1586은 "용과 봉황처럼 빼어난 모습 허공에 솟았 고, 가로지른 장중한 형세 빠른 내를 막았네"라고 노래했다. 용 문산을 지나면서 "허공에 뜬 푸른 산이 용문산이니, 눈 씻고 보니 아득히 짝할 산이 없네. 산허리 신기한 빛은 맑은 날도 일렁이고, 산 전체 빼어난 기운 대낮에도 엉겨있네."라 감탄했다.

처음부터 끝까지 가파른 오르막길이다. 용문사에서 두 시간 을 걸어 마당바위에 도착하였다. 잠시 쉴 수밖에 없다. 마당바위 부터 정상까지는 너덜 바윗길이다. '지옥의 계단'이 나온다는 말 을 미리 들어 각오했지만 너무 힘들다. 나오는 계단마다 여기만

용문산

넘으면 곧 정상이겠거니 생각했지만, 지옥의 계단은 끝없이 등장한다. 마침내 정상인 가섭봉에 올랐다. 꼭대기에서 내려다보니 지나온 길이 겹겹이 보인다. 초록색 사이사이 붉은빛, 노란빛 단풍들이 섞여 있다. 중간중간 가지를 드러낸 나무도 보인다.

맑고 깨끗하며
단아한 경계

　　마을을 지나자마자 호젓한 계곡이 이어진다. 차 한 대 지날 정도의 길은 걷기에 적당하다. 속세의 때를 벗기에 알맞은 거리다. 인위적인 모습이 최대한으로 제거된 길이다. 물소리를 따라 한참 오르면 상원사가 나타난다. 『봉은본말사지』에 따르면 상원사는 용문사와 같이 신라 말에 창건되었다. 층계를 오르면 아담하고 정갈한 절 마당이 길손을 맞는다. 찾는 이 드물어 고요한 절 마당에는 삼층 석탑이 단정히 서 있다. 탑 너머로 멀리 용문산 정상이 보인다. 넓지 않은 마당이 더 정겹다. 양옆의 청운당과 제월당에 달린 편액은 자연스럽고 아름답다.

　　세종은 1450년 1월에 신하를 상원사에 보내 수륙재를 베풀게 했다. 상원사를 중히 여겼음을 짐작할 수 있는 사건이다. 세조는 1462년 10월 27일에 경기도에 순찰을 나갔다가, 10월 29일에 용문산 아래에서 잠시 쉬었다. 이때 상원사로 행차했는데, 대웅전 뒤편으로 흰옷의 관세음보살이 나타나는 이적을 체험한다. 상서로운 광채가 매우 찬란하였다. 여러 신하가 경하드리니, 교서를 내려 극악무도한 죄를 저지른 이를 빼고 모두 용서하도록 하였다. 쌀 200석을 내리고 향과 비단을 바쳤다. 불상을 만들고 전각을 짓도록 명령했다. 이때의 일을 최항에게 글과 그림으로 기록하게 한 것이 『관음현상기』다. 허목의 「미지산기」에 "죽장암 남쪽에 상원사가 있는데, 옛날에 세조가 이 절에 행차하여 보살을 만났다. 이 일을 그림으로 그리게 하고는 태학사 최항에게 기록하게 하였다."라는 대목도 실록에 근거한 글이다. 『세조실록』은 세조가 이날 용문산 아래 효령대군의 농장에 이르러 상원사에 행차하였다는 사실을 기록하였다.

세조가 행차하기 전인 1460년에 김시습은 상원사로 향하였다. 세조가 먼저 들렸다면 어땠을까. 아마 상원사에 오지 않았을 것이다.

옛 전각에 향 연기 그득하고　古殿香煙合

삼문의 자물쇠는 열려 있구나　三門獸鑰開

텅 빈 뜰에 새들 재잘거리고　庭空喧鳥雀

묵은 바위에는 이끼가 꼈으며　巖老襯莓苔

아름다운 나무 해를 향해 자라고　琪樹日應長

어여쁜 복사꽃 봄에 절로 피었네　蟠桃春自開

맑고 깨끗해 속세의 때가 없으니　淡然無外累

단아한 경계가 마치 천태산 같네　雅境似天台

한과 수심으로 가득 찬 다른 시들에 비해서 분위기가 밝다. 상원사에 오르면서 벌써 근심이 씻겼는지도 모른다. 새는 슬피 우는 것이 아니라 재잘거린다. 나뭇가지는 봄날을 맞이하여 부쩍 자라는 중이다. 분홍빛 복사꽃은 한껏 들뜨게 만든다. 상원사가

상원사

있는 용문산은 맑고 깨끗하여 중국의 천태산과 같은 경계다.

청운당 벽면에 관음현상기가 커다랗게 걸려있다. 그림 속 상
원사는 현재의 상원사 모습과 흡사하다. 높은 축대의 모습도 지
금과 같다. 그림에는 탑이 두 기인데 현재는 한 기만 있는 것이
다르다. 관세음보살은 법당 뒤편 용문산 정상 쪽에서 나타났다.
현대의 기법으로 채색된 산도 용문산의 줄기다. 오른편에 스님들
이 보이고, 아래쪽에 수행하는 신하들이 보인다. 모두 보살을 향
해 무릎을 꿇고 기도를 드린다.

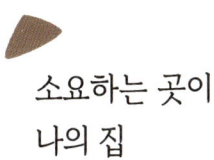

소요하는 곳이
나의 집

이색의 「죽장암중영기」는 죽장암을 간명하게 묘사한다.

양평의 용문산은 세상에서 아는 바인데 이름이 미지산이다. 예전에 개현암이라는 암자가 있었는데, 그 암자에서 도를 깨달은 이가 있었다. 지금은 이름이 전해지지 않는다. 그가 임금에게 죽장竹杖을 하사받았으므로 암자를 죽장암이라고 간판을 걸었다. 죽장암이 산 가운데 높은 곳에 자리 잡아 마치 심장에 있는 듯하다면, 상원사는 배꼽의 위치에 있다고 할 수 있다. 암자가 짙푸르게 우거진 숲을 벗어나 탁 트인 높은 곳에 있어, 아래로 치악산과 남한강이 마치 손바닥 안에 있는 것같이 보이고, 가까운 봉우리들이 좌우에 빙 둘러서서 머리 숙여 절하고 있는 듯하다. 이렇게 빼어나면서도 니그러운 모습이 사랑할 만하고 완상할 만하다. 사계절의 경치와 밤낮의 변화는 이루 다 말할 수 없다.

이색의 글에서 죽장암의 역사와 주변 형세에 대한 정보를 얻어 위치를 짐작할 수 있다.

상원사 뒤쪽 골짜기는 까마득하다. 성벽처럼 늘어선 산줄기는 위압감을 주기도 하지만 경외감도 준다. 암벽으로 이루어진

산을 올라가야 죽장암터를 찾을 수 있다. 암자가 있을까. 계곡을
따라 오르면 주위에는 산죽이 가득하다. 기와 조각도 여기저기에
서 찾을 수 있다. 암자에서 도를 깨달은 사람이 있었다는 말이 허
언이 아님을 직감으로 깨닫게 된다. 허목의 「미지산기」는 용문산
정상에서 남쪽으로 윤필암과 죽장암, 이어서 상원사, 묘적암, 보
리사가 일렬로 있다고 소개한다.

> 높고 낮은 돌길은 비스듬하고 高低石徑斜
> 산봉우리 고요하니 절이 있네 岑寂有僧家
> 저물어가는 해 나무를 비추고 晚日照高樹
> 동쪽 바람 산 꽃에 부는구나 東風吹野花
> 흐르는 계곡물 명주처럼 희고 溪流明似練
> 등나무 덩굴 뱀처럼 굽어졌네 藤蔓曲如蛇
> 참배하며 이름난 산 두루 미치며 參禮名山遍
> 소요하는 곳이 나의 집이로구나 逍遙卽我家

김시습의 「죽장암」 시이다. '소요하는 곳이 나의 집이로구나'
가 인상적이다. 한곳에 머무르지 않고 유랑하는 자신을 합리화한
말이다. 시대가 그를 떠돌게 했다. 그는 더 이상 세상을 탓하지
않고 호탕하게 유람하는 중이다. '산수에 벽이 있어 시로 늙었다
[癖於山水老於詩]'라고 한 대로 평생을 산수에서 노닐면서 시를 지
었다. 『금오신화』를 지은 소설가로도 명성이 있지만 그는 타고난
시인이었다. 3세 때에 시를 지을 줄 알았다. 세종이 승정원으로

죽장암

불러 시로 시험하니 빨리 지으면서도 아름다웠다. 하교하기를,
"내가 친히 보고 싶으나 세속의 이목을 놀라게 할 듯하니, 집안에
말하여 드러내지 말고 잘 가르치도록 하게 하라. 그의 학업이 성
취되기를 기다려 장차 크게 쓰리라."라고 하였다. 그때부터 그의
명성이 온 나라에 떨쳐 그의 이름을 부르지 않고 다만 오세五歲라
고만 불렀다. 불의한 시대를 만나 그가 할 일은 산수 사이를 유람
하는 것이었다. 그때그때의 감흥을 얽매임 없이 시로 읊는 것뿐
이었다.

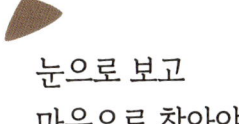

눈으로 보고
마음으로 찾아야

용문사로 가는 길은 고목들이 천 년 사찰을 보호한다. 경내로 들어서면 용문산 아래 은행나무가 우뚝하다. 용문사를 대표하는 것은 은행나무다. 아니 용문산의 상징이다. 동양에서 제일 큰 은행나무는 수령이 1100~1300년가량 된다. 의상 조사가 짚고 다니던 지팡이라고 하고, 원효대사가 창건 후 중국에 갈 때 심은 것이라고도 한다. 마의태자가 망국의 한을 달래지 못하고 금강산으로 가는 길에 지팡이를 꽂은 것이란 전설도 전한다. 입구에서 오른쪽으로 향한다. 오른쪽 언덕에 조선 태조 때 세워진 정지 국사의 부도가 우뚝하다. 그 아래에 부도밭도 용문사의 역사를 말해준다.

대장전도 유명하였다. 고려 우왕 1378년에 개성 경천사에서 대장경 한 질을 가지고 와서 용문사에 대장전 세 간을 짓고 보관하였다. 당시의 대학자 이색1328~1396은 「용문사대장전기」를 짓는다. 대장경을 용문사에 보관하게 된 이유를 설명하면서 이런 말을 덧붙인다.

학문을 배우는 자가 글을 눈으로 보고, 뜻을 마음으로 찾아 일천 성인이 전하지 못한 묘리를 사리가 분명하지 못한 가운데에서 구해 얻게 되면, 이것이 바로 스승의 가르침을 저버리지 아니하는 것이다.

대장경에 담겨 있는 불법의 이치를 눈으로 보고 마음으로 찾아야 한다는 말이다.

두보가 도량의 경내에 이르니 杜老招提境

복사꽃 물결이 약동할 그때네 桃花浪躍時

보배로운 방은 향기로운 안개가 가두고 寶房香霧鎖

산의 거처에는 경쇠 소리가 더디 나네 山室磬聲遲

돌길에 낀 이끼로 자취는 미끄럽고 石逕苔蹤滑

바위샘에는 담쟁이덩굴이 드리웠네 巖泉蘿蔓垂

나의 임금이 세자였을 때 我王潛邸日

행차가 이곳에 이르렀다네 翠蓋届于玆

용문사는 세조와 인연이 깊은 사찰이다. 1447년세종 29 수양대군이 어머니인 소헌왕후 심 씨를 위해 불상 2구와 보살상 8구를 봉안하면서 왕실의 원찰이 되었다. 수양대군은 왕이 된 뒤 왕명으로 용문사를 중수하도록 했다. 1456년 9월 7일, 사헌부가 용문사에 매년 소금을 주고, 수륙재를 지내는 건물을 더 설치하는 것이 불가함을 말했지만 허락하지 않았다. 1457년 6월 2일에 교지를 내려 '불법승보佛法僧寶' 네 글자를 새긴 도장을 주조하여 용문사에 보내라고 하였다. 1462년 11월 1일에는 용문사에 행차하였다. 허목은 「미지산기」에서 용문사는 미지산(용문산)에서 가장 큰 가람이고, 세조 때 범종을 대대적으로 주조하였는데 불사가 매우 엄숙하였으며, 왕이 염주를 하사하여 보물로 보관하고 있다고 밝혔다.

용문사

　김시습이 「용문사」에서 "나의 임금이 세자였을 때, 행차가 이
곳에 이르렀다네"라고 한 것은 소헌왕후가 돌아가신 후 왕실의
원찰로 삼은 일을 말한다. 세조가 행차하기 전인 1460년에 김시
습은 관동으로 향하다가 용문사를 방문하였다. 세조가 왕위에 오
른 지 6년이 된 시기다.

찾아보기